笑翻了的古书盒子

《徐霞客游记》可以这样读

地域人文卷

〔明〕徐霞客 原著
绘时光 编、绘

中国经济出版社
CHINA ECONOMIC PUBLISHING HOUSE
·北京·

图书在版编目（CIP）数据

《徐霞客游记》可以这样读．地域人文卷 /（明）徐霞客原著；绘时光编、绘．-- 北京：中国经济出版社，2024. 12. --（笑翻了的古书盒子）. -- ISBN 978-7-5136-7839-1

Ⅰ. K928.9-49

中国国家版本馆CIP数据核字第202419576Z号

策划编辑　龚风光　杨　祎
责任编辑　王　絮　杨　祎
特约策划　梁　策
特约编辑　杨　娟
责任印制　马小宾
封面设计　何　何

出版发行　中国经济出版社
印 刷 者　永清县晔盛亚胶印有限公司
经 销 者　各地新华书店
开　　本　710mm×1000mm　1/16
印　　张　6.25
字　　数　73千字
版　　次　2024年12月第1版
印　　次　2024年12月第1次
定　　价　118.00元（全三册）
广告经营许可证　京西工商广字第 8179 号

中国经济出版社 **网址** www.economyph.com **社址** 北京市东城区安定门外大街58号 **邮编** 100011

目录

第一节 浙游日记

时间

崇祯九年（1636年）旧历九月十九至十月十六，共计二十八天

地点

浙江省

主要人物

徐霞客

同伴

静闻和尚、顾仆、王二

相关游记

《浙游日记》

路线摘要

苏州—青浦—佘山—嘉善—杭州—兰溪—金华—衢州

形形色色的洞与石

浙江是中国古代文明的发祥地之一，徐霞客一生七次到访浙江，是他所去省份次数最多的一个。崇祯九年（1636年），他第七次游历浙江，这也是他一生中最后一次远游的起点，与他在《徐霞客游记》开篇游览浙江省东中部天台县的天台山的记录形成一种特殊的呼应。

徐霞客从老家江苏省江阴市出发，经过苏南运河来到浙江，游历余杭、临安、桐庐、金华、兰溪、常山等地，之后写下了著名的《浙游日记》。

这篇游记是《徐霞客游记》的第十八篇。徐霞客用过万字的内容记录了他的这段行程。更可贵的是，他还记录了浙江省不同地方的风俗人情，涉及明朝末期的自然人文、风土人情，成为我们了解那段历史的宝贵资料。

西南之行徐霞客其实早有打算，但是因为一些事情一拖再拖，眼看着自己即将年满五十，到了知天命的年纪。随着年岁渐老，他也生了一些疾病。经过一番思考，徐霞客觉得西南之行不能再这么推迟下去，否则很可能成为他一生的遗憾。

这次出发时，一共有四个人，除了徐霞客，还有两名随从，徐霞客在文中称一人为“顾仆”，称另一人为“王二”。此外，还有一位重要的人物——静闻和尚，他在江阴的迎福寺修行二十余年，是徐霞客的忘年交——莲舟上人的徒弟。

当年，静闻和尚曾用自己的鲜血抄写了一部《法华经》，平生最大的愿望就是将其供奉在大理鸡足山寺迦叶菩萨道场。他得知徐霞客的西南出行计划，便提出同行的想法。徐霞客被他的虔诚所感动，于是一行四人九月十九日从江阴出发，“乘醉放舟”，正式踏上行程。

去往浙江的路上，他们并没闲着，沿途乘船拜访了多名好友，与挚友对酒当歌，吟诗作文，帮他们带了一些书信和礼物给远方的亲人朋友，在乌镇还了前两年欠程尚甫的书钱。在杭州城，路过商铺的时候，他们还购买了铜锅、竹筒这些旅行会用到的生活用品。

这一路忙碌又充实。十月初一这天，西北风凛冽，他和静闻和尚开始游览各处风景。他们先登上宝石山顶，又经过岳王坟，最后来到飞来峰的街市上吃饭。

飞来峰下有几处出名的山洞，石头中空玲珑，三个洞并列排开，又相互交错贯通，曾被杨琏真迦和尚破坏，又被许多流浪乞丐喧扰，很长一段时间失去了原本的色彩。

昔黥于杨髡之刊凿，今苦于游丐之喧污；而是时独诸丐寂然，山间石爽，毫无声闻之溷，若山洗其骨，而天洗其容者。余遍历其下，复各扪其巅。洞顶灵石攒空，怪树搏影，跨坐其上，不减群玉山头也。

——引自《浙游日记》

文化小贴士

飞来峰山体属于石灰岩。与周边的其他山体完全不同，这里的草木稀疏，大多是裸露的山石。《浙游日记》中的“杨髡”是元代僧官杨琏真迦，掌管江南的佛教事务，但他盗掘钱塘、绍兴宋陵，是历史上出名的盗墓人。

这次徐霞客到来的时候，那些乞丐已经没有了踪影，山上的石头再次恢复清朗明秀，像是被青山、蓝天擦洗过一般清爽。眼前充满灵气的奇石朝天耸立，造型怪异的树木在风中摇曳。徐霞客来到洞顶才发现，这里和传说西王母居住的群玉山头相比，毫不逊色。

十月初四这天游览的三九山也给徐霞客留下了深刻的印象。这座山因从东、北、南三个方向来都是九里路而得名。这附近的山很特别，石峰嶙峋，岩石像涂漆一样黑，水流穿过石壁飞流直下，把峡谷的石头冲得雪白。一黑一白，两种颜色对比强烈。

这天，徐霞客一行人走了三十五里路。除了那些出名的景点，他还偶遇了两个洞穴，洞内曲折，北边是干洞，南边是水洞。干洞有阁楼，十分幽静；水洞有仙田，水漫田洼。

穿过峡谷，钻进石门，有时必须在水中前进，徐霞客只好穿着短衣，脱去袜子。一路上看到溪水中奇特的石头，有的像莲花，有的像象鼻，十分奇特，等到再次从洞中出来，徐霞客觉得这半天恍如隔世。

还没从洞中奇景的惊喜中醒过神来，第二天徐霞客就得知一个不太好的消息——王二逃走了。

一行人下一站来到金华。金华山历史悠久，有“江东名山”的称号。徐霞客曾经路过这里三次，都没有仔细游览，这次准备去看一下传说中的金华三洞。他不光记录了金华山的所见所闻，还详细描绘了这里山脉水系的走向以及不同溶洞的特色景观。

金华北山之行的记录超过四千字，接近全文的一半，可见其分量。金华三洞由双龙、冰壶、朝真三洞组成，道家称其为“第三十六洞天”。

文化小贴士

金华山如今有一条霞客古道，就是根据徐霞客此次游记得来，起于智者寺，全长三千米，垂直高差三百多米。

徐霞客第一站来到智者寺。寺庙坐落在北山南麓，此时已经破败零落，但是寺中的一块碑吸引了徐霞客的注意。这是宋代著名文学家、史学家陆游为智者大师重建此寺专门撰写的碑文，上边的字都出自陆游之手。碑的背面还有几篇陆游写给智者大师的书信。碑文是楷书，书信是行书，颇有风韵，徐霞客十分想拓印下来，但遗憾的是，他身边一个工匠都没有。

文化小贴士

智者寺始建于公元526年，距今约一千五百年，香火鼎盛时有僧人千余人，又称“智者广福禅寺”，是南朝梁代楼约法师道场。寺中碑文十分珍贵，是陆游79岁时所写的《重修智者广福禅寺记》，记录了智者寺的历史。更重要的是，陆游的传世书法作品不多，石刻更是稀少，这是他晚年唯一存世的石刻作品。

除正面楷书以外，背面的行书笔法飘逸，秀润挺拔。因行书刻碑并不常见，所以这座石碑称得上唐宋行草入碑的典范之作，具有十分重要的意义，如今为国家一级文物。

山上的石头千奇百怪，大的像大象、狮子，小的像鹿、小猪，全都潜伏在草丛之间，犹如石浪。附近的鹿田寺殿前也有一块形态似鹿的驯鹿石，相传当年玉女驱赶神鹿在这里耕田。山上有著名的斗鸡岩，山峰上的石头一片片凌空飞出，犹如鸡冠怒起，真是让人大开眼界。

有灵性的石头与“以烧石为生”的白坑村

徐霞客一行人攀爬到三望尖山头的时候，恰好看到落日沉入深潭，山峰下有一片水光映着落日。夕阳的光弥漫在波光粼粼的水面上，让人忍不住停下脚步去欣赏、去感叹人生。

当夕阳彻底落山后，明月照耀在大地上。天地间万籁俱寂，碧空如洗，徐霞客和静闻和尚感觉像是被这玉壶之水洗涤了骨髓，周身畅快，飘飘欲仙，再回想人世间的纷纷扰扰，忙忙碌碌，谁又知道绝顶上竟有如此清朗的月光呢？

就算是有人登楼呐喊，有人临江举杯，比起此时徐霞客站在绝顶山峰之上看到的景象，恐怕都是天壤之别。就算是山中的精灵怪兽成群结队地接近他，他也不会害怕，更何况它们此时岿然不动。徐霞客感觉自己正在太空中与神仙同游。

甫至峰头，适当落日沉渊，其下恰有水光一片承之，滉漾不定，想即衢江西来一曲，正当其处也。夕阳已坠，皓魄继辉，万籁尽收，一碧如洗，真是濯骨玉壶，觉我两人形影俱异，回念下界碌碌，谁复知此清光！即有登楼舒啸，酾酒临江，其视余辈独蹑万山之巅，径穷路绝，迥然尘界之表，不啻霄壤矣。虽山精怪兽群而狎我，亦不足为惧，而况寂然不动，与太虚同游也耶！

——引自《浙游日记》

十月初十这天，徐霞客开始正式游览金华三洞。他先是记录了山脉分支的走向，然后记录了每个山洞的特点。三个洞门都是朝西的，各洞层叠向下排列，相距一里左右，但因为山势险峻，无论是低头还是抬头，都看不见山洞，只能看到洞中的水一层一层流淌下来。第一层是朝真洞，因为在最高处，所以比较干燥；第二层是冰壶洞，它很深邃，有水从洞顶流下来；第三层是双龙洞，洞中景象变幻万千，水在里面平缓流淌。

但徐霞客不满足于只在外边观赏山洞，于是逐个走进去，一探究竟。

洞内幽深，光线不好，一行人举着蜡烛、火把前进。朝真洞的洞口十分宽敞，越往里越下陷，左边有孔穴，夹缝里有水滴下来，缝隙底部是干燥的，不知道这水究竟流到哪里去了。洞里弯曲幽深，有一个巨大的夹缝，一缕光线从天空中照下来——洞顶竟然有千丈高，日光被引进来后，犹如半个月亮，在昏暗的洞穴深处，似夜明珠一般耀眼。

出了朝真洞，一行人来到冰壶洞。冰壶洞的洞口像是朝上张开的嘴巴，徐霞客先将拐杖丢进洞里，只听到里面传出滚动的声音，持续好久，好像一直没有到底。他们进到洞里，可以听到轰隆隆的水声。他们举着火把朝里走，竟然在洞中央看到一道瀑布，流水溅起白色的碎水花，在黑暗中闪耀着光彩。水最终落在石头间，却不知流向何处。冰壶洞比朝真洞还要深，但不如朝真洞曲折。

出了冰壶洞，向下一里就到了双龙洞，它有两个洞门。同游的瑞峰和尚说，它本来只有一个门，万历年间水流冲倒了南面的山崖，又多出一个门。如今，洞门一个朝南，一个朝西，洞内宽敞，犹如高大的房子，门窗四开，与之前两洞的曲径通幽完全不同。这里的石条卷曲得十分有气势，有一个个向下悬吊着的钟乳石，呈现出各种造型，双龙洞的名字就是由这些造型奇异的钟乳石得来的。洞中有石碑，不是近代的遗物。水一直流出洞口，俯身看下去，只有一条一尺五寸左右的孔隙可以通过。

徐霞客想到洞庭东山的孔穴也是如此大小，但是洞庭东山下边是土地，这里下边是流水。瑞峰和尚借来一个盆，好心的潘老妇人还送了茶水和果子给大家。徐霞客脱掉衣服放在盆里，然后下到水中，推着盆前进。经过一段路之后，路不再狭窄，一块石板架在空中，几十丈大，仅有几寸薄，左边的钟乳石犹如玉柱，纵横排列在洞中。

走到无法通过的地方，徐霞客看到石头上有食指粗细的洞往外流水。他尝了一口，异常甘甜。

朝真以一隙天光为奇，冰壶以万斛珠玑为异，而双龙则外有二门，中悬重幄，水陆兼奇，幽明凑异者矣。

——引自《浙游日记》

一一游览过三洞后，徐霞客做了最后的总结：朝真洞最神奇的是夹缝漏下的光，冰壶洞的神奇在于瀑布，而双龙洞的神奇则在于两个洞门、中间悬着的钟乳石、水和陆地，明处暗处都不寻常。

离开双龙洞，一行人在借盆的潘老妇人家吃过黄小米饭，送了潘老妇人一把杭州伞作为谢礼后，告别僧人，继续踏上行程。

翻越山岭后，一行人在距离双龙洞二千五百米的地方遇到了讲堂洞。洞内宽敞洁净，可以居住休息。所在的山岭之下有居民生活，以烧制石灰为营生。天黑时，徐霞客一行人到达白坑村，这里的居民很多，大多数也以烧制石灰为业，随处可见石灰窑。这里有远近闻名的优质石灰石。

文化小贴士

金华三洞属于典型的喀斯特岩溶地貌，自唐代就享有盛名，徐霞客作为最早研究和观察者，堪称“近代岩溶地貌之父”。徐霞客此次西南之行，标志着中国古代地理学进入实地考察、研究自然规律的新方向。

徐霞客联想起之前赵相国有“六洞灵山”等碑刻，忙阅读起黄贞父撰写的碑文，才知道所谓的“六洞”就是把金华三洞和其他三洞合起来，后三洞就在投宿的寺庙附近。徐霞客早就想寻找“六洞”，没想到竟然意外遇到，果然是灵验的“灵山”。徐霞客决定逐一探访，一个也不错过。

于是，他接下来看到了如琼玉翡翠的洞中奇石，有的如幔帐，色彩绝美；有的如海市蜃楼；有的石柱连接天地……

一路下来，徐霞客在金华游览了四个洞，在兰溪又游览了四个洞。之前以为三洞、六洞各个神奇，最后，他不仅认为金华山八个洞都十分奇美，还细心为它们做了排序：双龙洞第一，水源洞第二，讲堂洞第三，紫霞洞第四，朝真洞第五，冰壶洞第六，白云洞第七，洞窗第八。

小结

徐霞客在一个月的时间里，游览了浙江许多小城镇。虽然留下的笔墨不多，但我们从中能看到一些村落的分界和当时社会的发展水平。当时船只是当地的主要交通工具，有时船只会发生拥堵，可见当时浙江一带的兴盛和繁荣。

徐霞客还对喀斯特地貌做了系统的考察，记录了溶洞洞口的朝向、位置、周围环境，解释了地下水的特征。后来经过考证，他的记录几乎都很精确，很有科学研究价值。

第二节

江右游日记

时间

崇祯九年（1636年）旧历十月十七至崇祯十年（1637年）旧历正月初十，共计八十三天

地点

江西省

主要人物

徐霞客

同伴

静闻和尚、顾仆

相关游记

《江右游日记》

路线摘要

玉山—广信（今上饶市）—弋阳—贵溪—金溪—新城（今黎川县）—南丰—永丰—吉水—吉安—永新

卧雪鹭洲

江西是“江南西道”的简称。由于江西位于长江之右，自唐朝开始，“江西”二字很少作为记录出现，一直到清朝末期都以“江右”指代。徐霞客一生四次到访江西，时间最长、也是最后一次，从玉山开始，到武功山结束，横穿江西中部，停留了八十三天，并留下了《江右游日记》。

徐霞客沿着信江进入江西，远远看到一座孤峰直插天际，询问才知那便是龟峰。看过一眼就再难忘记，于是徐霞客将龟峰作为江西之行的重要一站。他在附近停留了三天，经历了晴天、阴天、雨天，也因此欣赏到了不同风格的龟峰之美。

又三十里，日已下舂，西南渐霁，遥望一峰孤插天际，询之知为龟岩，在弋阳南十五里。余心艳之，而舟已觅贵溪者，不能中止。又十里至弋阳东关，遂以行李托静闻随舟去，余与顾仆留东关外逆旅，为明日龟岩之行。夜半风吼雨作。

——引自《江右游日记》

正南方独自高耸的山峰是寨顶，顶上有如同鹦鹉嘴的鹦嘴峰。最为陡峭的就是龟峰和双剑峰。龟峰上有三块紧挨着的石头高高耸起，立在山峰之上，犹如三只灵龟层层叠叠压在一起。龟峰可谓名副其实。

龟峰附近还有一处四声谷，在山谷的侧面喊一声，声音就会回响四次。徐霞客找到了它的奥秘——龟峰东面的水帘谷石壁曲折环绕。这附近还有摩尼洞、一线天，许多以形状命名的奇峰怪石遍布四周，每走一步都能看到不同的怪石造型，栩栩如生，形态各异，乐趣无穷。

为了寻找最好的角度去观察巨石景观“饿虎赶羊”，徐霞客拄着拐杖，穿过一大片荆棘，好不容易来到围屏峰脚下，终于得偿所愿，仰望传神的巨石。之后，他又在龟峰附近转了好大一圈，感受了龟峰“三十六峰”的奇妙，还从不同角度欣赏着龟峰和双剑峰的壮美，直到太阳下山，才恋恋不舍地离开。

徐霞客最后给龟峰的评价是：“盖龟峰峦嶂之奇，雁宕所无，但诎水观耳。”在他看来，龟峰的重峦叠嶂远胜雁荡山，只是唯独缺少了些水系景观。

文化小贴士

龟峰位于弋阳县西南部，景区内有无数形状酷似乌龟的石头，整个景区远看像一只硕大无比的乌龟。龟峰发育于1.35亿年前的白垩纪晚期，是雨水侵蚀型老年期丹霞峰林地貌的典型代表，是中国丹霞的组成部分，以“无山不龟，无石不龟”闻名天下。

十一月初二，徐霞客一行人来到麻姑山脚下。麻姑山位于江西省抚州市南城县，被称为道教三十六小洞天里的“第二十八洞天”，名曰“丹霞洞天”，是我国东南道教圣地。

麻姑山以水景最为优美。徐霞客站在山脚向上仰望，看到半山腰上有一处名为“喷雪亭”的亭台，有水流横在山间，像是卧龙盘绕。一行人来到喷雪亭，看到瀑布高悬在山峰间，其中一道像洁白的绢帛垂着，另一道像两根白玉筷子分开向下，水流在石头缝隙间流淌，编织成纵横的网格。

向上攀登，徐霞客发现这里的瀑布其实不止两道，坠落后汇聚成一股水流。瀑布向下坠落五级，旁边有个亭子是新修整的，徐霞客叫它“五泄亭”。五级瀑布各不相见，又螺旋相连，堪称奇观。

文化小贴士

麻姑仙女，又称“寿仙娘娘”，属于道教人物，看起来是个年轻的女子，自称目睹过三次东海变桑田。相传有一年的三月初三，王母娘娘办寿宴，麻姑带着自酿的灵芝酒来祝寿，便是民间流传的“麻姑献寿”的传说。

徐霞客之行也不是一直顺利的。刚进十二月，徐霞客白天还去拜访张侯的后裔，傍晚便下起雨来，只好停船待雨停。等到第二天黎明到来，船夫挂帆准备出发时，突然有只船靠了过来，船上的人大声呵斥，掀开徐霞客的船篷，强行索要船只，还把船夫打了一顿，然后绑起来。徐霞客立刻明白了，这是遇到了劫匪无赖。

看船夫如在虎狼群里挣扎的羔羊，船上的人都十分害怕。那些无赖说是给官府送银两，需要征用船只，可是徐霞客看他们搬上来的东西都是铺盖之类的日常用品，根本没有银两和贵重物品，便说："这离吉安府很近，不如我们先一同到府城，然后再把船给你们。"

那些无赖一听他的话，勃然大怒，强行挟持船只。徐霞客趁着船靠岸的时机，纵身跳下船跑到岸上，找到一个姓王的梅林保长，这才把被劫走的船追了回来，只是船上很多东西都被劫走了。

就在遇劫的同一天，徐霞客来到了著名的白鹭书院。它是著名的江西四大书院之一，当年文天祥在这里以一篇“法天息”的策论得到宋理宗的赞赏，钦点状元，书院也因此光耀千年。白天刚刚经历了一场劫难，徐霞客晚上便住进了书院的净土庵，希望能平静下自己的内心。

已过白鹭洲之西，而舟人欲泊南关；余久闻白鹭书院之胜，仍返舟东泊其下，觅寓于书院中净土庵。是日雨丝丝不止，余入游城中，颇寥寂。出南门，见有大街濒江，直西属神冈山，十里阛阓，不减金阊也。

——引自《江右游日记》

这一住就是六天，其间雨雪不断，他也借此机会“卧雪鹭洲”，休养身体。游览浙江、江西这段时间，船依然是他主要的交通工具，但是为了探寻幽深的景致，他往往会选择步行攀登游览，又因为到了冬季，一直以来的长途跋涉让徐霞客身体抱恙，加上劫匪的惊吓，他便去城里“取药煮酒”。江西是酒乡，徐霞客便自制药酒，调理身体。他稍微休整了一下，便再次踏上行程。

薄海内外，无如赣之武功山

有一处胜景是徐霞客仰慕许久的，那就是梅田山中的梅田洞。十二月二十九，徐霞客来到梅田山，与静闻和尚步行出发，先看到奇异石头耸立堆积，石缝中间没有任何泥土，犹如出水莲花一般漂亮。

余夙慕梅田之胜，亟索饭登涯，令舟子随舟候于永新。余同静闻由还古南行五里，至梅田山下，则峰皆丛石耸叠，无纤土蒙翳其间，真亭亭出水莲也。

——引自《江右游日记》

来到梅田洞，他发现这里朝东有三个洞，朝北有一个洞，但只有东北一角的山石很好地被保存下来，其他地方因为当地人开挖石灰石，原本的景致被铁器和火烧破坏，十成毁掉了七成。作为一个自然景观的顶级爱好者，徐霞客对此感到十分惋惜。

走进东边第一洞，峭壁笔直倒挂着，像是万丈的布帛。洞壁像有人拉扯着一样从天上垂下来，上面的窟窿还在不断地冒着热气，如同海市蜃楼一般。洞顶中间部位有一个洞，可以直通山顶，白天，光从那里照进来，斜射在小洞的顶部，仰头看过去，像有仙子在上边玩耍。徐霞客特别遗憾的是，没有能攀上去的梯子，否则他一定要上去亲自感受一下那份神奇灵动。

洞顶忽盘空而起，四围俱削壁下垂，如悬帛万丈，牵绡回幄，从天而下者。其上复嘘窦嵌空，结蜃成阁，中有一窍直透山顶，天光直落洞底，日影斜射上层，仰而望之，若有仙灵游戏其上者，恨无十丈梯，凌空置身其间也。

——引自《江右游日记》

洞里左右都有螺旋状的石室，还有花瓣一样的石门可以通过，里面的石头犹如野兽一样匍匐在地上。经过几道门，里面越来越黑，到最后什么也看不见了，只能听到嗡嗡的空洞之声。点燃火把后，徐霞客终于看到里面倒垂的钟乳石，还有排列着的石柱。

第二洞虽然不大，但是里面的景色瑰丽奇异。第三洞里有两扇门，名为“合掌洞”，里面有洁白如玉的石柱，形成上部垂下来一个宝盖，周围缀满蛛丝一样的细石条，瑰丽奇异。

本来徐霞客游览了这些已经心满意足，正准备下山时，偶遇一个村民，带他们去北面的山洞里看了看。洞内高大宽敞，中间有个弯曲倾斜的石柱，像一棵石头树，下方有个石头棋盘，有如牛心马肺的石头，还有从上垂下的钟乳石，即将与地面的石柱相连。游览了梅田洞的四个洞后，天空乌云飘动，于是徐霞客一行人开始下山，结束了这一年中最后一次行程。

文化小贴士

梅田洞位于江西省永新县东面的梅田山底部，又叫“宝仙圣洞”，是石灰岩溶洞。山形像笔架，因以前山上长着梅树而得名。梅田洞有阴阳两个洞口，阴叫合璧洞，阳叫玉虚洞。洞内有个平整光滑的石桌，上面依稀可见凸起的石头棋子，相传是仙人吕洞宾和紫芝翁留下的残局。

一年中的最后一天，永新县县令为了阻止受灾的邻县来买粮食，关闭了浮桥，徐霞客的船夫帮他找轿子，却没有找到。无奈之下，他放弃了永宁县的行程。这一晚就是除夕，许多旅店都不再接纳客人。正当徐霞客一行人在路口徘徊发愁的时候，有个人过来问："先生您是南京人吗？我即将去南京，怎么能让您几位远道而来的客人在这里露宿呢！"

于是，这位好心人带着徐霞客一行人住在他族人刘怀素的家里，解了徐霞客的燃眉之急。徐霞客买了酒肉，犒劳挑担的担夫，主人拿出自酿的酒，请徐霞客品尝。徐霞客短暂地忘掉了寄居他乡的忧苦。

刚过完除夕，徐霞客也没有停下脚步，因为他心中还惦念着另一个地方——武功山。正月初一一早，天空晴朗，他便和静闻和尚兵分两路。静闻和尚和担夫带着行李到路江，徐霞客带着顾仆，拎着被子从禾山出发，直奔武功山。

从禾山到安福集云岩，再到白法庵后山绝顶，徐霞客一路跋山涉水，风雨兼程，除了投宿，一直在赶路。在禾山寺，僧人乐庵建议他游览附近的罗汉洞、五老峰，但徐霞客一心只想去武功山，两天步行了一百二十多里路，终于在正月初三这天，登上了武功山山顶。

夹凹中有罗汉洞，闻不甚深，寺僧乐庵以积香出供，且留为罗汉、五老之游。余急于武功，恐明日穷日力不能至，请留为归途探历，遂别乐庵，北登十里坳。

——引自《江右游日记》

从正月初一到正月初十，徐霞客在武功山附近停留了十天，留下了近七千字的游记和诗词，对路线、地理特征、风土人情、天气特征、山石飞瀑等进行了详细的描述。

因为海拔很高，山上的瀑布已经结了冰，这便是武功山的奇景之一——冰瀑。登上白法庵后边的制高点，只见浓雾弥漫，香炉峰、箕山都隐藏在翻滚的浓雾之中。俯瞰白法庵的庙宇和山峰，竟然一丝影子都看不到了，耳边也没有一点儿声音。

顾仆已经筋疲力尽。好不容易攀爬到山顶的茅庵中，虽然三石卷殿就在旁边，可在浓雾的包裹下，他们根本看不到。徐霞客和顾仆只好在茅庵投宿，半夜听到狂风一直在怒吼，本以为大风会吹散浓雾，可第二天天亮时，他们发现浓雾依旧。

一行人沿着山脊下山，看着雾中的山崖向上刺入云霄，向下插进地府。这就是传说的“千丈崖”，成百上千的山崖耸立交错，高低不一，有的像门，有的像网，有的像高楼。一路上，雾气时开时合，像是女人故意用衣袖遮面，娇羞地回避客人。

正月初五这天，徐霞客来到石城洞。石城洞以前叫“石廊洞”，南陂人刘元卿在洞口石窟中创建佛寺后，改名为“书林洞”。之所以又改名为“石城洞”，是因为洞外的石头环绕四周，如城墙一般。它比张公洞大许多，中央有条石脊隔着，将洞分为内外两部分。外边有一个由众多大石头组成的平台，中央耸立着两根石笋，旁边高高擎起一根深色的石柱，上边连着洞顶，中间的缝隙可以绕着石柱转圈。根部有些石头在周围环绕承托，像是栽种在盘子中似的。石洞往里还有小洞，十分奇异，可惜没有火把，徐霞客什么也看不太清。

武功山实在太美，徐霞客在此处停留了几日，正月初十才离开。八十三天的江西之行就此结束。

文化小贴士

武功山位于江西省中西部，主峰白鹤峰（金顶），被道佛两家择为修身养性的洞天福地，明朝时香火最旺。相传，之前这里因为晋代一对武氏夫妇修炼成仙，被称为“武公山”，后来南朝武帝在后景造反时，大将军欧阳在武功山扎营，后被包围，陷入困境。夜晚，将军梦见有个老人走了进来，说自己是这里的山神，因不喜欢叛军压迫人民，便来告诉将军一条路线。第二天将军睁眼后发现，这条路真的可行，便成功突围。武帝得知这件事，觉得十分神奇，为了纪念将军的成就，便将这里命名为“武功山”。

小结

徐霞客四次游历江西，行程遍布江西十府，绘制了明朝社会的江西图画。游记不仅记录了山水自然，还记录了当地人的一些生活细节，比如，有人以烧石灰为生，有人以砍柴为生，有的村落以董姓为主，有的村落以鹅卵石铺地……吉安梅林渡口遭劫，也反映了当时社会的动荡。

徐霞客的游记既有对广阔天地、山川湖泊的探索，也有对当时社会民生的记录，是一个时代自然环境和人文生活的真实写照。

第三节

楚游日记

时间

崇祯十年（1637年）旧历正月十一至闰四月初七，共计一百一十五天

地点

湖南省

主要人物

徐霞客

同伴

静闻和尚、顾仆

相关游记

《楚游日记》

路线摘要

茶陵—攸县—衡山—衡州（今衡阳市）—永州—郴州—耒阳

三洞奇遇

走出江西的徐霞客告别过去，开启未来。新的一年，他下一站的目的地就是湘楚大地。

1637年正月十一，徐霞客一行人从江西武功山进入湖南茶陵州（茶陵县），正式开始楚地之游。他入茶陵，访攸县，攀衡山，在未来的一百一十五天里游览了诸多胜景，并以四五万字的《楚游日记》记录见闻。

恰逢立春，徐霞客从会仙寨开启了第一站——茶陵之旅。他先后游览了灵岩八景、云阳山、秦人洞和麻叶洞，用心感受茶陵的美。

细雨纷纷，北风异常寒冷。徐霞客下船上山，一直朝东南方向前进，看到了灵岩八景，包括灵岩、对狮岩、碧泉岩、伏虎岩、学堂岩、石梁岩、观音现象、会仙寨。会仙岩有的三面回环如同玉玦，有的两面对峙如同大门，山崖与洞穴同在，石头都是赤红色，没有晶莹明亮的迹象。其他岩石也各具特色，如学堂岩中间裂开一个小石洞，传说是仙人教学的地方。

在寻找云阳山的路上，山脊有冰块挂满枝头。那些冰块大小不一，大的如拳头，小的如鸡蛋，风一吹就会掉下来，堆得满地都是。爬到二重山顶，山峰环绕，竹树茂密，雾气结成冰，满树的冰块玲珑剔透，犹如碧玉琼花，北风一吹，像是女人佩戴的步摇玉佩，叮当作响；偶有冰块震落，就像玉石山崩塌，堆积到两三尺高，甚至堵住路。这一路寒冰冻雨，每天他们都需要围着火盆把衣服烤干。有船夫招呼徐霞客坐船走，可是他不想错过云阳山，始终坚持步行。

盖第二重之顶，当风无树，故冰止随枝堆积。而庵中山环峰夹，竹树蒙茸，萦雾成冰，玲珑满树，如琼花瑶谷，朔风摇之，如步摇玉珮，声叶金石。偶振坠地，如玉山之颓，有积高二三尺者，途为之阻。

——引自《楚游日记》

听当地人说，云阳山深处有很多神秘的溶洞，其中，以秦人三洞最为出名，包括秦人洞、上清洞、麻叶洞。传说这几处都是神龙蛇怪潜伏的地方。徐霞客以为这些传言是因路程辛苦所起，实际上当地人就算到了洞口也压根不敢进去，他们对未知的洞穴十分恐惧。

徐霞客一点儿也不害怕，反倒特别惊喜。他最喜欢这种带有神秘色彩的地方。他一路前往，遇到一个打柴的人，便请对方做向导。一行人越过急流，准备入水进入上清洞，可向导只肯提供火把，不肯带着大伙进去。可人都已经站在洞口，哪有放弃的道理？

徐霞客利落地脱掉衣服，顺着水流爬了进去，顾仆留在洞外看着衣服。洞内石头缝隙十分狭窄，还被水淹没了一半，徐霞客只好把手伸出水面举着火把。走到里面，缝隙变得更窄，身体勉强能进去，火把却因为没人递而无法进入。此处还是风口，风吹得人浑身战栗。徐霞客只能放弃探险。

徐霞客辗转又找到麻叶洞，出重金找到一人做向导。可刚到洞口、准备脱衣服入水的时候，那人得知徐霞客只是个读书人，立刻制止了他。

“我以为你是道士，有法术能降伏那些精怪，我才答应跟你进去。你要只是读书人，咱们进去不是一块儿找死吗？”

徐霞客再劝那人，那人也不肯去。他只好把行李寄存在那人家里，举着火把，带着顾仆进洞。洞口聚集了几十人围观，男女老少都停下了手中的活计，踮脚伸脖子来看徐霞客。他和顾仆两人手持火把，毫不迟疑地往里走，经过小洞中的绕行之路，折返多次，终于到达洞底。

狭窄的通道里面是个干燥的洞穴。徐霞客先把火把伸进去，然后像蛇一样往里爬，脊背蹭着洞穴的顶部，腰贴着石壁，才勉强进去。此处有石缝直通洞顶，光从缝隙中射下来，像明亮的星星和如钩的月亮，可望而不可即。

洞内有干涸的甬道、马鞍似的山头、像是有水要滴下来的如玉的石壁、悬垂的石柱、莲花般倒挂的石头、床般大小平整的石块。石块边的玉石柱子晶莹洁白，有大有小，上面都雕刻着花纹，堪称奇景。

两壁石质石色，光莹欲滴，垂柱倒莲，纹若镂雕，形欲飞舞。东下一级，复值洞底，已转入隘关之内矣。于是辟成一衖，阔有二丈，高有丈五，覆石平如布幄，洞底坦若周行。北驰半里，下有一石，度出如榻，楞边匀整；其上则莲花下垂，连络成帏，结成宝盖，四围垂幔，大与榻并，中圆透盘空，上穹为顶；其后西壁，玉柱圆竖，或大或小，不一其形，而色皆莹白，纹皆刻镂：此衖中第一奇也。

——引自《楚游日记》

兜兜转转出来，火把已经燃尽，徐霞客感觉像是转世投胎一般神奇。洞外守着的人又增加了几十个，看到徐霞客和顾仆出来，大家都将手举到额头行礼，直呼神奇，将他们二人视作得道高人。

有人说：“我们等了很久，以为你们已经被洞中的怪物吃了。我们想进去又不敢进，想离开又担心，现在看到你们安然无恙地出来，肯定是里面的神灵敬畏你们。”

徐霞客答：“我只是按照我的规则做事。我喜欢探游风景名胜，劳烦各位在这里久久守候，叫我如何表达对你们的敬意呢？”

他还和他们解释，只是洞口有些狭窄，洞中十分洁净干燥，很多山洞都不能跟它相比，根本不用害怕，但他们的眼神中还是透露出敬畏和恐惧。

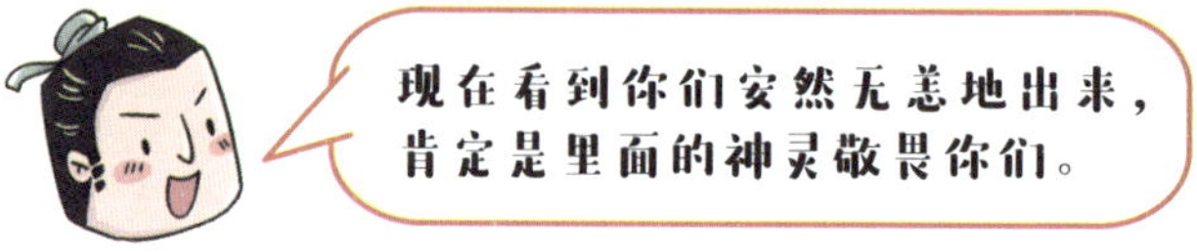

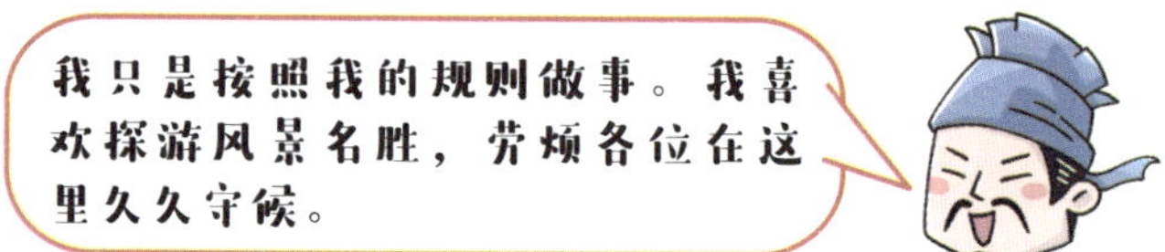

文化小贴士

曾经让徐霞客有如此难忘经历的麻叶洞现在已经找不到了。据说20世纪90年代，人们还能找到入口。后来，当地政府曾悬赏三万元寻找麻叶洞，仍旧没有任何线索。专家解释说，可能是泥石流、山体坍塌等导致洞口消失，即使用高科技定位搜索，也是徒劳无功，实在遗憾。

钩栏滩遇险

正月二十一，徐霞客到达衡州府，准备游览五岳中最后一岳——南岳衡山。他在衡州地界停留了六十天左右，在这期间“上衡岳，穷七十二峰”，并留下相关游记一万八千多字。

徐霞客先游览了水帘洞，又在上封寺停留了几天，然后到了观音崖，登上祝融会仙桥。这段时间，他走遍了衡山大大小小的山峰，寺庙、溪水、石崖，凡是给他留下印象的，他都记录在游记中。

但让他痛心的是，因为明末的战乱，衡山上很多著名的寺庙都遭到不同程度的损坏，包括他停留了多日的上封寺。

文化小贴士

南岳衡山是五岳中唯一在南方的山峰，是重要的宗教文化活动中心，佛教、道教并存并荣。衡山南起衡阳回雁峰，北至长沙岳麓山，有说法称衡山之名源于星宿，它位于星座二十八宿的轸星之翼，“变应玑衡”“铨德钧物”，犹如衡器，可称天地。

除了名山大川，徐霞客还对在衡州城的见闻进行了详细的记录，包括渔业、手工业、交通运输业等，对桂王府、绿竹庵、回雁峰、禹碑亭、来雁塔、雨母山、石鼓书院、东阳渡等景点都进行了记录。除此之外，徐霞客还记录了在衡州府南面钩栏滩发生的一件惊心动魄的事。

二月十一，徐霞客、静闻和尚和顾仆一行人乘船初入潇湘。雨已经接连下了好几天，直到这天五更时，才渐渐停下来。船在钩栏滩狭窄的江流中曲折前进，徐霞客在船头欣赏明月照耀江面的美景，突然听到岸边有人在哭，像孩子，又像是妇女，哭了很长时间都没停。

经历过之前劫匪抢船的事，此时徐霞客变得谨慎起来。他并没有过去询问，担心是骗人的圈套，如果船上的人可怜这个人，让其上船，说不定就会有盗贼跟着一起上来。

徐霞客听着哭声，不能入睡，便在枕头上写下“箫管孤舟悲赤壁，琵琶两袖湿青衫”“滩惊回雁天方一，月叫杜鹃更已三”等诗句。

可是，同行的静闻和尚不能抑制自己的怜悯之心，上岸去询问。哭的人看着是个十四五岁的孩子，他说自己十二岁，是王宦官府里的人，因为王宦官喝醉了酒打他，所以想逃跑。

静闻和尚慢慢安慰他，但是他躺在岸边一动不动。等静闻

和尚返回船上，一群盗贼叫喊着冲上了船，火把和刀剑交错密集地落了下来。徐霞客此时还没睡，连忙把装着钱财的匣子转移了地方。他来到船尾，想把匣子投进江水里，但是盗贼正在砍船尾的门。他只好用力掀开船上的篷，从缝隙将匣子投到江中，然后跑回睡觉的地方，找衣服披在了身上。

静闻和尚和顾仆还有同船的几个人或者光着身子，或者裹着被子，被逼到一处角落。那些盗贼拿着刀乱刺，大家都跪在盗贼面前求饶，但是盗贼根本不停手，大家便一起掀起了船篷，跳入了水中。徐霞客是最后一个跳的，他的脚被船绳绊住，翻倒下去的时候头先碰到江底，耳朵和鼻子里都灌了水，还好水只到腰部。之后，徐霞客躲到另外一艘船上，江水冻得他浑身发抖，船上的客人用棉被将他包裹起来。

当他们的船停到香炉山脚下的时候，他们回头再看被抢的船，火光晃动。徐霞客还算幸运，没有被刀剑所伤。后来，他遇到收留顾仆的船，发现其被盗贼的刀剑刺伤。一个姓戴的客人同情徐霞客，送给他一身衣服。徐霞客此刻身上什么都没有，只剩下一个插在发髻里的银耳挖，他便将银耳挖作为谢礼，送给这位好心人。

顾仆没有衣服穿，徐霞客便把好心人给的裤子让给顾仆穿，自己穿着只到腰间的内衣。船夫找了块布，让他挡在腰间前面。他顾不得形象，就这么朝岸上走去。他一边寻找匣子，一边呼喊静闻和尚。周围寻人的呼喊声此起彼伏，徐霞客突然听到静闻和尚的回应，悬着的心才踏实下来。

后来徐霞客才知道，静闻和尚看徐霞客跳入水中，惦记船上的佛经和书籍，便留在了船上。他拼命求那些盗贼，盗贼才同意留下他的书。当时，盗贼将徐霞客书箱里的东西都倒在了船上，静闻和尚苦苦哀求，才将那些珍贵的书稿和书信都装回破箱子里。

但是，徐霞客还是损失了很多书稿、书信，还有一些随行物品。后来，盗贼点火烧掉船上的东西，可是他们刚走，静闻和尚就取来江水灭火。盗贼听到声音又返了回来，刺伤了静闻和尚后离开。

静闻和尚四处求助无果，忍着伤痛抢救佛经、书箱等，还拿回一些别的物件。一个姓石的人想把那些东西都拿走，静闻和尚问：“拿走的全是你的东西吗？”

那人大骂：“大家都怀疑是你询问那个哭的人才引来的盗贼。你实在是品行不好，还想偷我的箱子……”姓石的人并不知道静闻和尚在冒着生命危险抢救这些东西，非但不感谢他，还辱骂他。徐霞客感叹，盗贼还知道同情僧人，这些人比盗贼还狠毒。

二月十三，徐霞客重回衡阳，身无分文，朋友金祥甫为他准备了衣服，劝他回家。徐霞客不肯，觉得自己已经年过半百，如今又经历如此凶险的事，妻儿“必无放行之理”，于是以二十亩田地租立了契据，借来二十两银钱，一行人再次踏上行程。

接下来，他沿途经过常宁、祁阳，来到永州。永州南二十五里处有一名为“澹岩”的地方，徐霞客对澹岩早有耳闻，乘船路过此处，想上岸，但船夫觉得耽误行程，不肯等他，可徐霞客还是毅然决然地上了岸，为此多走了近二十五里路。

澹岩洞门高高地敞开，石崖丛像玉一样环绕着，洞内很宽敞，能容纳上百人，明亮幽深，巨大的石头上有不少宋、元时期的石刻。

据说这里因曾经居住着一位澹姓老人而得名。澹岩之所以出名，是因为秦朝的周贞实（周正实）为了躲避暴政，隐居在这里。据说周贞实有预知未来的能力，秦始皇三次召他出山，他都不去，最后在这里去世。徐霞客想，那为什么不叫周岩呢？

文化小贴士

“澹”与“淡”相通，因此澹岩现在也称“淡岩”。每年农历八月十五午夜时分，月光穿过洞顶射入石洞月台，形成半月形状，再反射到石壁上，人称“淡岩秋月”，为永州八景之一。澹岩是大型天然石灰岩溶洞，素有“永州淡岩天下稀”的美誉。

从澹岩出来，偶遇出水崖，石头如卧龙、如飞凤、如青色的莲花、如层叠的花瓣转到出水崖的后面，树根相连，鲜花绽放，景致无比美好，让经历了一系列苦难的徐霞客心里得到一丝安慰。

徐霞客接连游览了永州境内二十余个岩洞，在九嶷山紫霞洞住了四晚，给其中十二个岩洞排了个名：第一是道州月岩，第二是九嶷山紫霞洞，第三是江华莲花洞……每个岩洞他都仔细比较、详细记录，用客观的眼光进行评价。

由此西北入山，多乱峰环岫，盖掩口之东峰，如排衙列戟，而此处之诸岫，如攒队合围，俱石峰森罗。中环成洞，穿一隙入，如另辟城垣。山不甚高，而窈窕回合，真所谓别有天地也。途中宛转之洞，卓立之峰，玲珑之石，喷雪惊涛之初涨。潆烟沐雨之新绿，如是十里而至圣殿。圣殿者，即舜陵也。

——引自《楚游日记》

小结

《楚游日记》不仅记录了徐霞客在湖南游览的名山大川，也记录了时代背景下的街头市井和普通人的生活。其遇险的经历反映了当时时局的动荡，为后人了解一个时代提供了大量资料。

第四节

粤西游日记

时间

崇祯十年（1637年）旧历闰四月初八至崇祯十一年（1638年）旧历三月二十七，共计三百四十五天

地点

广西壮族自治区

主要人物

徐霞客

同伴

静闻和尚、顾仆

相关游记

《粤西游日记》

路线摘要

全州—兴安—桂林—永福—柳州—象州—浔州（今桂平市）—郁林（今玉林市）—容县—贵县（今贵港市）—南宁—太平（今崇左市）—隆安—南宁—庆远（今宜州市）—怀远—河池—南丹

桂林山水甲天下

粤西是广西壮族自治区古时的别称。"粤"多用于岭南两广地区，史称"两粤"，广东为"粤东"，广西为"粤西"。到民国时期，范围逐渐收窄，"粤"只作为广东省的简称。

两粤

徐霞客从湖南到广西，在这里停留了大概一年时间，足迹遍布广西各地。《徐霞客游记》全文六十余万字，其中，关于广西的《粤西游日记》篇幅占三分之一。

在广西的这段时间，徐霞客游览了桂林七星岩，考察了七星岩的地形特征，对岩洞的结构与形成原因进行了分析和推测，记录下的内容具有很高的地理学研究价值。

五月初二这天，徐霞客在桂林吃过早饭之后，与静闻和尚、顾仆马不停蹄地直奔七星岩。在徐霞客来之前，这里已是旅游胜地。栖霞洞内十分幽深，所以徐霞客找了当地的向导，一行人举着松明火进入岩洞。一进洞中，豁然开朗，这里通风透亮，洞内有形似鲤鱼的石头，头、尾、鳞片惟妙惟肖，还有如蟠龙的伞盖，称得上巧夺天工。

獭子潭附近有的石头像花瓶插竹，有的像一张撒开的大网，有的像仙人下棋，有的像八仙团聚，有的像个馒头，还有的像善财童子、观音菩萨，造型千奇百怪，十分奇妙。

其中有弄球之狮，卷鼻之象，长颈盎背之骆驼；有土冢之祭，则猪鬣鹅掌罗列于前；有罗汉之燕，则金盏银台排列于下。其高处有山神，长尺许，飞坐悬崖；其深处有佛像，仅七寸，端居半壁；菩萨之侧，禅榻一龛，正可趺跏而坐；观音座之前，法藏一轮，若欲圆转而行。

——引自《粤西游日记》

徐霞客还发现了一个不知名的石洞。向村民打听，有人说叫会仙岩，有人说叫弹丸岩。徐霞客亲自进洞，在洞壁上发现有字，于是将洞壁擦拭干净，竟然在上边看到一篇宋代莆田人陈黼的题记，里面写到此洞叫“渚岩洞”。洞壁另一侧还有南宋著名理学家张栻书写的《论语》“五美四恶”章。

文化小贴士

七星岩如今位于广西壮族自治区桂林市七星公园内普陀山腹部，隋唐时期称“栖霞洞”，到宋代人们称它为“仙李岩”“碧虚岩”，是一条距今超过百万年的古老地下河道。七星岩雄伟、宽广、曲折、深邃，是比较完整的石灰岩景观，并存有许多著名石刻，其中，“栖霞真境”名列桂林八景之一。

来广西必游桂林。一句“桂林山水甲天下”，让人们对桂林的景色十分向往。这句话出自桂林靖江王府中号称“南天一柱”的独秀峰的摩崖石刻上。如今来到桂林，徐霞客自然也想登顶独秀峰，但当时独秀峰归靖江王府管辖，想爬山必须先申请并获得批准才可以。徐霞客虽然经过一番努力获得了批准，但是先后几次都因为时局动荡等未能如愿。这成为他的一个遗憾。

文化小贴士

事实上，独秀峰并不高，只有六十六米，但被誉为“桂林群山之首”。登上峰顶，可以俯瞰周围城市全景。独秀峰群山环伺，是众山之王，桂林第一峰，这与它“孤峰不与众山俦”的气势有关。山上的摩崖石刻，具有很深的文化含义。

桂林有很多造型奇特的山，当中最著名的就是象鼻山。象鼻山外形酷似一头站在江里吸水的大象，鼻子处有一个小圆洞，十分有趣。

而插江之涯，下跨于水，上属于山，中垂外掀，有卷鼻之势，『象鼻』之称又以此。

——引自《粤西游日记》

游览阳朔的时候，徐霞客发出感叹，说阳朔是“碧莲玉笋世界”，因为这里是热带岩溶地貌的典型代表，无处不在的山峰平地而起，气势超群，造型千奇百怪，令人啧啧称奇。游览阳朔，必游漓水（漓江）。江流中虽然有许多河滩，但是没有石滩，两旁偶有崩裂的山崖，群山伴随着江流，徐霞客评价这里是“此江行之最胜者”。

阳朔之漓水，虽流有多滩，而中无一石，两旁时时轰崖缀壁，扼掣江流，而群峰逶迤夹之，此江行之最胜者；洛容之洛青，滩悬波涌，岸无凌波之石，山皆连茅之坡，此江行之最下者；柳城之柳江，滩既平流，涯多森石，危峦倒岫，时与土山相为出没，此界于阳朔、洛容之间，而为江行之中者也。

——引自《粤西游日记》

六月到九月，徐霞客主要游览广西东南部。他游览了真仙岩，记录下洞中的石刻。

真仙岩也叫“灵岩”“老君洞”，因为洞内有酷似太上老君的天然钟乳石而得名。六月二十八，僧人参慧领着徐霞客游览了真仙洞后边的暗洞，这里有上百个洞穴，有的高大，有的小巧。参慧用火把照亮洞穴，突然在岩石下边看到一条趴着不动的巨蛇，但是看不到头尾。徐霞客一行人从它身上跨过去又跨出来，它都没什么反应。这里许多石脊像一条条盘龙缠绕在一起，连鳞片和爪子都十分逼真，令人惊叹。

一行人又来到老人岩。虽然在太阳底下时，像身处蒸笼一样热，但进了老人岩，他们立即感觉清凉之意浸入皮肤。

真仙岩洞口有水漫过，无法步行进入。为了看到洞中的实际情况，徐霞客专门找人造了竹筏，顺流而入。进入真仙洞，仰望洞顶，两边的石壁像是劈开的翡翠中夹着美玉一般。徐霞客想到李白的诗句，“流水窅然”“别有天地”仿佛就是为他眼前的这一幕而创作的。洞内上方是空空的山洞，下边是青黑色的深渊，两旁是层层石门，水波荡漾，回看来的地方，光明皎洁。徐霞客一时间恍惚，不知自己是人还是神仙。

徐霞客在真仙洞里发现了《老君像碑》和韩忠献的大碑，十分喜欢，即便摔伤了也要留在这里拓碑。他一连停留十三天，看尽刘公岩、老人岩等处的好风光。

文化小贴士

如今，真仙洞里已经没有像太上老君的钟乳石，很多摩崖石刻也被损坏，但保留下了张孝祥的“天下第一真仙之岩”石刻。

徐霞客一行人还南下到郁林游览勾漏山。

勾漏山因为岩洞勾曲穿漏而得名，由宝圭洞、玉阙洞、白砂洞、桃源洞组成。徐霞客刚到达勾漏山时遇到一个道士，道士说当地县令想要勾漏山里葛洪遗留下来的丹砂和仙人米，徐霞客便提出和他一同前往。

徐霞客先跟着道士来到宝圭洞。在这里，他看到了倒垂的叶片状岩石，薄处与蝉的翅膀差不多；还有长达数丈的钟乳石在半空中悬着，水从顶端涓涓滴下。他还看到道士口中所谓丹砂的东西，那其实不是丹砂，只是形状类似丹砂的砂粒，白色最好，黄色次一些。所谓仙人米，就是山洼中的菰米，只是当地人为其加上了“仙人”的名号。

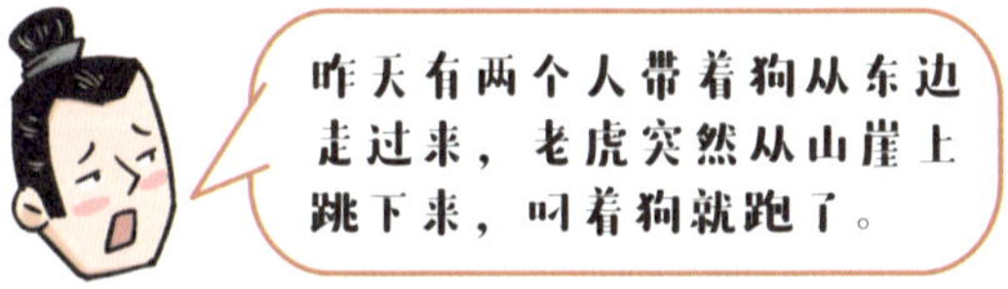

附近的白砂洞也很奇妙。道士把照明的火把扔进去，然后爬着进去。石洞口不到一尺高，进去之后豁然开朗，像是朝下开的天门。黄婆岩东面和宝圭洞相对，像是女人的发髻盘绕在半空中。

路上偶遇的人说：“昨天有两个人带着狗从东边走过来，老虎突然从山崖上跳下来，叼着狗就跑了。老虎的洞穴就在这山上，不能去。”但徐霞客并不害怕，他又不是第一次听到关于老虎的传闻。他继续寻找各种洞穴。

山上的洞穴千奇百怪。徐霞客看到了成排的钟乳石，有的窈窕秀丽，有的像美玉装饰出来的房间，有的像弯弯曲曲的走廊，看不到底。洞穴里面的水深过额头，再走恐怕要浸湿火把。虽然徐霞客到最后也没找到勾漏山的另外两个洞，却在机缘巧合下看到了绝妙的景色。

三误三返灵山缘

崇祯十年（1637年）八月底，徐霞客一行人进入南宁，静闻和尚染上了痢疾。静闻和尚与徐霞客一起来到广西，根据游记记载，静闻和尚在桂林时就生了病，到南宁时，病情加重。徐霞客将静闻和尚安置在南宁崇善寺，与顾仆乘船逆流而上，沿途考察。

徐霞客想去传说中的犀牛岩，但是跟广西那勒村当地人打听，有人不知道，有人还指错了方向。徐霞客三次走错了路，三次折返。为了证明自己与这山中的景色有缘，徐霞客千辛万苦，终于找到了它，可谓功夫不负有心人。

犀牛岩因有独角在山峰之间凸起而得名。山脊上有猛兽一般的巨石，巨石中间裂开穴口，里面嵌着一个赭红色的石圭，十分特别，就像是人挖空巨石后专门放置其中一样。

始知是崖回耸于高峰之间，从东转西向，若独角中突，『犀牛』之名以此。崖北一脊，北属高峰，与东崖转处对。脊上巨石巍峙，若当关之兽，与独角并而支其腋。巨石中裂竖穴，内嵌一石圭，高丈余，两旁俱巨石谨夹，而上复覆之，若剜空而置其间者。圭石赭赤，与一山之石迥别，颇似禹陵窆石，而此则外有巨石为冒，觉更有异耳。

——引自《粤西游日记》

十月初八，徐霞客考察壶关的途中，遇到从南宁崇善寺来的和尚，说静闻和尚已经于九月二十八在南宁崇善寺去世（从游记后文得知其真正去世日期为九月二十四）。得到这个消息的徐霞客悲伤到整夜未眠。

之前，静闻和尚的愿望就是去鸡足山，生前没能如愿。徐霞客决定帮他实现这个愿望。

> 时日色尚高，余展转念静闻索鞋、茶不已，盖其意犹望更生，便复向鸡足，不欲待予来也。若与其来而不遇，既非余心；若预期其必死，而来携其骨，又非静闻心。不若以二物付之，遂与永别，不作转念，可并酬峨眉之愿也。
>
> ——引自《粤西游日记》

十月二十五，徐霞客来到龙英飘岩，因其陡峭挺拔，当地人叫它为“飘峭”。徐霞客听说之前这里被入侵的时候，当地人就躲在这悬崖下，来进贡的交趾人守在悬崖下环绕好久也没上去。徐霞客抬头看去，上面根本没有路，除非有百丈高的梯子。

徐霞客找到当地人打听，问能不能上去，有人说能，有人说很难。徐霞客拉住说能上去的人来到山洞下，发现山崖之间有竹梯一层一层地悬着。竹梯长短不一，角度不同，弯弯曲曲，要爬上十四层，才能到达洞口。洞口两边都是悬崖峭壁，只有洞口之下裂开的石崖上有些痕迹，梯子只能弯弯曲曲地靠着悬崖，十分凶险。

洞口有像燕窝、蜂巢一样的空穴。从中间的洞口进去，能看到中间悬垂着双手合围那么粗的石柱，像是翠绿的玉一般，声音铿锵悦耳。旁边两根石柱上边下垂，下边挺立，中间并没有连接在一起，就像是天平上的指针一样。柱子旁边有分开的床，应该是当地人避险时准备的。

其两旁俱危壁下嵌，惟岩口之下，崩崖缀痕，故梯得宛转依之。岩口上覆甚出，多有横木架板，度虚分窦，以为蜂房燕垒者。由中窦入，其门甚隘，已而渐高，其中悬石拱把，翠碧如玉柱树之，其声铿然。

——引自《粤西游日记》

悬崖到头的洞口有一块垂下的石头，像是悬在半空中的翅膀。徐霞客爬下来的时候，底下站着几十个人围观。他们说，自己当初存活下来，多亏了这个洞。徐霞客觉得它只能保一时生存，却不能像长城一样保疆土无恙。他建议当地人要齐心协

力制定抵抗和防御外敌的方法，如果每次遇到危险都躲到这里，只能算是下策。

回头再看高处的洞口，远近都能看到。飘岩算得上此次西游中最险峻的岩洞，徐霞客感叹道：“余西游所登岩，险峻当以此岩冠。”

十二月初十，徐霞客再次回到南宁。距离上次离开已经七十五天，他回来的第一件事，就是前往崇善寺祭拜静闻和尚，但是遇到了几名恶僧故意阻拦。

徐霞客三番四次去求那些和尚，但他们相互推诿，不肯归还静闻的东西，想侵占静闻留下的财物。直到十二月十七，徐霞客才拿到静闻的遗骨和戒衣、经卷。虽然此时已经生死相隔，但徐霞客决定要带着静闻和尚的遗骨一同踏上接下来的旅途，走完他们之前定好的行程。

文化小贴士

徐霞客为纪念好友静闻和尚，创作《哭静闻禅侣》诗六首，如“晓共云关暮共龛，梵音灯影对偏安。禅销白骨空余梦，瘦比黄花不耐寒。西望有山生死共，东瞻无侣去来难。故乡只道登高少，魂断天涯只独看！”“别时已恐无时见，几度临行未肯行。”“可怜濒死人先别，未必浮生我独还！含泪痛君仍自痛，存亡分影不分关。”

从十二月二十三到转年二月十三，整整五十天，徐霞客都停留在三里城，也就是如今的广西壮族自治区南宁市上林县三里镇附近，当时隶属于柳州府。人们说三里洋渡是徐霞客最眷恋的地方，因为他在这里停留的时间最长。其间，他考察了上林县的地理、民俗风情和历史，最让他感兴趣的是三里洋渡一带的山洞风光。他探访了十七个岩洞。

韦龟洞像是神仙居住的丹丘，洞内有青绿色永不枯竭的水源，层层叠叠的石块如狮子、老虎，石柱罗列交错，晶莹明亮。岩洞外面隐蔽，里面宽敞，上边还能看到天上的光，里面又有可以饮用的水源，犹如长寿的丹药。在三里洋渡众多山洞中，徐霞客认为韦龟洞可排第一名。他还特意记录了当地村民靠造纸为生。

北向跻石而上，乳柱前排，内环平台，可布几席；南向拾级而下，碧黛中汇，源泉不竭，村人之取汲者，咸取给焉。平台之前，右多森列之柱，幢盖骈错，纹理明莹；左多层叠之块，狮象交踞，形影磊落。

——引自《粤西游日记》

徐霞客将他到达的每一处都进行了详细的描述，把最引人注目的东西记录下来：琴水岩十分倾斜；佛子岭北岩洞中积水如深潭；独山岩洞口有古树的藤倒挂飘香；白崖堡共三层洞，非常高，呼吸可通天庭；白崖堡南山下洞内有如白莲花的钟乳石，直径可达三尺，花瓣倒垂；青狮南洞有三岔山峰，洞穴四通八达，如在仙境；独山村西北水岩危石众多，不能进入……

文化小贴士

三里洋渡风景区位于广西壮族自治区上林县东南部，韦龟洞现在叫“明镜岩”，徐霞客当年游览的山洞位于景区之内。景区内还有许多石刻碑文，素有“小桂林”美称。上林也被称为“世界长寿之乡”。

离开三里城，徐霞客游览了九龙洞，又来到庆远府（宜州），后经过河池州、南丹州后，出广西，进入贵州境内。粤西之行至此结束。

小结

徐霞客在广西的一年里，游览了漓江山水，考察了阳朔溶洞。这里的山水美景给徐霞客留下了深刻的印象。此外，他还记录了当地的民俗、特产、食物以及当地少数民族独特的生活方式。甚至连做饭用到的炊具和农作工具，他都进行了相关记录。这篇游记不仅有很高的文学价值，也有很重要的科学价值。可惜的是，一部分游记丢失，成为后世的一大遗憾。

第五节

黔游日记

时间

崇祯十一年（1638年）旧历三月二十七至五月初九，共计四十二天

地点

贵州省

主要人物

徐霞客

同伴

顾仆

相关游记

《黔游日记》

路线摘要

独山—都匀—平越卫（今福泉市）—新添卫（今贵定县）—龙里卫—贵阳—平坝—安顺—镇宁—永宁—新兴所（今普安县）

白云山下的“歹人”

徐霞客从广西南丹六寨进入贵州，在贵州停留了四十二天，完成了近四万字的《黔游日记》，记录了贵州壮美的山川和喀斯特地貌特征。当时，广西和贵州的分界是独山的上司、下司，一寨跨两省。

刚到贵州的徐霞客觉得有些奇怪，这边寨里的人家都关着门，他找了好几户人家，都不给他开门，好不容易有一家人开了门，也没饭可以给他们吃，更是没床可以睡，甚至连铺地的茅草都没有。总之，这一夜徐霞客和顾仆过得十分辛苦。后来徐霞客得知，因为当地两处的土司并不和睦，他所处的下司治安更是不好，到处都是贼人，所以当地人平日里十分谨慎，生怕徐霞客他们是坏人。

南丹和独山之间的景色并没有什么稀奇，但是从独山到都匀一路上的山水很美，徐霞客进行了详细的记录。

四月初一，徐霞客本想去寻找桃源洞。据说洞里有很多类似伞盖瓔珞的石头，但是因为近日雨水太大，路上的水流变得很急，所以走起来让人感到恐惧。他偶遇一位老人，得知最近溪水暴涨，水流湍急，已经无法到达桃源洞。就算是有向导都去不了，何况徐霞客他们这种漫无目的寻找的人呢？

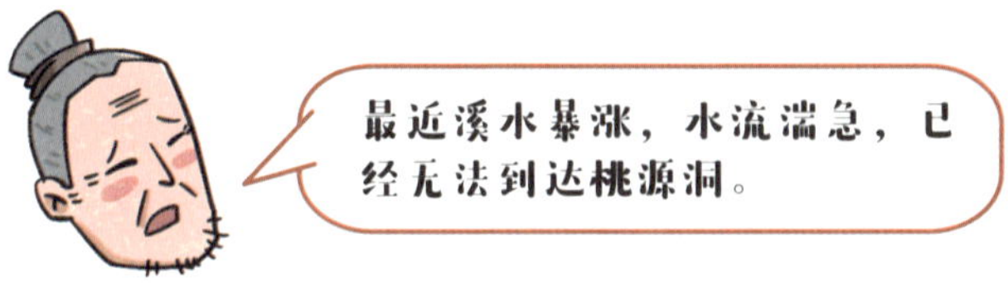

得知这个结果，徐霞客难免失望，只能换个路线继续前进。

沿途，徐霞客偶遇了浩荡的大马尾河，它顺着山崖往东流，河水暴涨，船很难行进。徐霞客看人们涉水过岸，水已经到胸口那么高。他虽然心里害怕，但在岸边坐了一会儿，便下定决心脱下衣服涉水过去。

四月十五，徐霞客来到了白云山。他在贵阳和周边发现了几处与建文帝有关的踪迹，所以对白云山充满了好奇，也因此在白云山停留了三天。

山上有两棵巨大的杉树，矗立在石阶两旁，三人合抱才能围住。西侧的一棵被火烧伤了树梢。传说这两棵树由建文帝亲手种植，山上的白云寺也是建文帝兴建的。寺院内有一跪勺泉，泉水向下与背面的佛阁相连，不溢出也不干涸，想喝水必须跪下趴着舀，因此得名。相传这里也与建文帝有关，是神龙供奉给他的。跪勺泉中间通向龙潭，里面有一对金鲤鱼游来游去，时隐时现。

石脊平伏岭头，中裂一隙，南北横不及三尺，东西阔约五尺，深尺许，南北通窍不可测；停水其间，清冽异常，而不减不溢；静室僧置瓢勺之。余初至，见有巨鱼戏水面，见人掉入窍去，波涌纹激，半晌乃定。穴小鱼大，水停峰顶，亦一异也。

——引自《黔游日记》

佛阁西侧有个流米洞，山洞悬在山崖之间，流出的米用来供奉建文帝，但徐霞客去的那天没有米，寺内很多东西都是神化建文帝的托词。传说山中还有各种黑红色、白色猿猴，常常

六个六个地排成排，轮流在寺下朝拜，但徐霞客并没亲眼看到，只是早晚能听到猴子的叫声。

文化小贴士

白云山起初叫“螺拥山”，因常年白云覆盖而得名。相传此处是明朝建文帝朱允炆潜藏三十二年的地方。1408—1440年，建文帝在白云山出家修行，因此，白云山是贵州的佛教圣地。

从白云山下来，徐霞客没有找到合适的地方投宿，最后找到一个土堡。和猪这样的牲畜睡在一起，虽然徐霞客心中不愿，可也没有更好的选择。转天一早，他就发现了更郁闷的事儿——钱又丢了。

之前在广西的时候，有个名叫王贵的人同其他几个人尾随过徐霞客，说自己是湖南靖州太阳坪人，想要去庆远府，但是路途不顺畅又绕远，听说有人护送徐霞客上路，所以想投靠徐霞客等人，结伴同行。

徐霞客信了他的话，接纳了他们，还把物资分给了他们，雇他们当中的人当挑夫。后来偶然听说他们诱骗儿童，徐霞客对他们产生了怀疑。

王贵说自己跟那些人不是一伙儿的。徐霞客对他再次卸下防备，继续同路，还雇他当挑夫。但之后，王贵的态度变得傲慢起来，在贵州麻哈州（今麻江县）用凳子砸伤了徐霞客的脚，还把他的盘缠偷走了。徐霞客为了提防盗贼，专门把钱藏在装盐的竹筒里，想不到还是被王贵看见了。没遇到强盗，反倒被这个内贼给偷了，徐霞客很是郁闷。

就算被偷，也要继续前行。徐霞客带着烦闷的心情再次上路，偶遇了一个贵州境内少见的岩洞，洞顶十分平滑，有钟乳石柱下垂，像衣带随风飘动。洞有三层，外层中间有圆石，像是人用刀子削出来的一般；中层有千百根石柱杂乱地分布，十分奇妙。有的地方很幽深，像是身处阁楼之中。他本来还想再到处看看，但是挑夫在山下呼唤他，只好作罢。

之后，徐霞客用七天时间游览了平坝、镇宁附近，并详细记录了偶遇黄果树瀑布的全程，《黔游日记》因此成为历史上第一部详细记载黄果树瀑布的文字作品。

偶遇奇观——黄果树瀑布

崇祯十一年（1638年）四月二十三，徐霞客雇了一个短途的挑夫往南走，遇到一个山坞里的村落。打听之后，他知道这里叫白水铺。

西行一段，徐霞客远远听到轰隆隆的声音，像是打雷一样。他以为又要有大雨来临，但仔细一听竟是水声。他找到山缺口的地方朝北看，突然看到河水从东北的山窝往山崖下倾泻，重重地砸入深潭。站在这个角度，他只能看到上半截白色的水流有数丈宽，像是白色的雪在翻滚，下半截被山崖挡住。

徐霞客抑制不住心中的激动，急匆匆地越过阻碍，来到瀑布下游，顺着浩浩荡荡奔腾的水向西走，恨不得到下边一探究竟。他当时看到的，就是现在的陡坡塘瀑布。

挑夫说："这是白水河，前边有河水从高处悬空下坠的地方，比这里还要深，还要壮观。"

徐霞客一听更加兴奋，特别想身临其境地感受一下，于是顺着水流来到白虹桥。白虹桥下边的流水越过石头，溅起雪白的浪花，就像成群的白鹭在展翅飞翔。

又走了一段，如雷的流水声更大，徐霞客猜到一定又有奇景在前方出现。果不其然，他找到缺口向南看，一条河流悬空落下，像是上万条白色的丝绢在空中飞舞，下方的岩石像荷叶一样，石头中间有三个像用刀剜出来的洞，水流从岩石上慢慢泄下来，犹如薄纱罩在洞外，既像跳跃的珍珠，又像玉石的碎屑，水花四溅，波涛汹涌，冲出的水雾腾空而起，十分雄壮。

徐霞客见过比眼前瀑布高出几倍的瀑布景观，但从没见过如此又宽又大的瀑布。仅是从瀑布上方侧身向下看，他就已经心惊胆战。

度桥北，又随溪西行半里，忽陇箐亏蔽，复闻声如雷，余意又奇景至矣。透陇隙南顾，则路左一溪悬捣，万练飞空，溪上石如莲叶下覆，中剜三门，水由叶上漫顶而下，如鲛绡万幅，横罩门外，直下者不可以丈数计，捣珠崩玉，飞沫反涌，如烟雾腾空，势甚雄厉，所谓『珠帘钩不卷，匹练挂遥峰』，俱不足以拟其壮也。盖余所见瀑布，高峻数倍者有之，而从无此阔而大者，但从其上侧身下瞰，不免神悚。

——引自《黔游日记》

文化小贴士

黄果树瀑布，古称“白水河瀑布”，在贵州省安顺市镇宁布依族苗族自治县境内白水河上游，是世界著名大瀑布之一，属于喀斯特地貌中侵蚀裂点型瀑布，以水势浩大闻名。徐霞客游览时，它还没有具体的名字，本地人只叫它“白水河瀑布”。传说瀑布顶端生长着一棵高大的黄桷树，“桷”在当地方言中与“果”的读音很接近，久而久之，就有了这个名字。也有人说，这个名字与徐霞客有关。

接下来，徐霞客来到白基观，看到观中前殿供奉着真武大帝，后殿供奉着西方佛祖，十分整洁。徐霞客来到后殿，就着殿中洁净的几案，用自带的纸墨开始写这几天的见闻。及时将所见所闻记录下来，以免时间长出现遗落或者偏差，这已经成为他的习惯。平时旅店环境太杂乱，与这里根本没法比。这里的僧人不仅十分和善，还为他提供茶水、蔬菜和米粥。徐霞客这一路上结识了众多僧侣，他们为徐霞客的衣食住行提供了非常大的帮助。

徐霞客在这里看到了十分有趣的一幕：白基观附近有象群经过，两大两小，停留了很长时间，赶象的人下来喝水，回去的时候大象先跪下后边的两条腿，再跪下前面的两条腿，十分听话。这真是在别处没见过的新鲜事。

之后，徐霞客又攀登了八纳山和丹霞山。八纳山是全州最高的山峰，四面绝壁，只有一条小路盘旋而上，山顶宽敞，还有几个储满水的水塘，溪水就是从这里流出去的。丹霞山独立挺拔，矗立在一众山峰之上，与八纳山遥遥相望，风格完全不同。八纳山耸立，丹霞山峻峭。

五月初一这天，徐霞客攀登丹霞山的过程并不顺利，先是钱财被偷，后又走错了路。几次经人提醒，他才找到正道。跋山涉水后，他终于看到西南方一座山峰独自耸立，如同擎天柱一般，峰顶还有庙宇。这里的和尚在田间种地，看到徐霞客来到此地，诚心挽留，因为他的师傅与徐霞客是同乡。徐霞客欣然接受了他的挽留。

第二天，徐霞客在阁楼中写出游日记，和尚准备了茶点和山中的特产给徐霞客吃。离开丹霞山的时候，他偶遇了一个叫碧云洞的洞穴，洞内也分三层，一些岩石从水面中凸出来，有的像蹲坐着的雄狮，有的像浮水的野鸭。洞穴中还有宛若游龙的十八龙田，农田状的岩石一片片罗列，更有如蟒蛇蜕皮后贴在石头上的痕迹……

徐霞客观览这些造型奇特的石头，发现门口石碑上有张涣、沈思充写的诗。徐霞客认为诗虽然一般，但是张涣的字十分精彩，活泼可爱，遒劲有力，当地人却拿这石碑当桌子用，估计很快就会磨损。徐霞客一边心疼，一边忙掏出纸笔抄录了诗文。

从洞里出来时，太阳已经下山。徐霞客脱掉衣服，在洞口的小溪洗澡。已经半年没有好好洗澡了，所以他洗得十分痛快。刚穿好衣服准备上路时，他就听到山崖上有人说笑的声音，还看到人影绰绰。

徐霞客十分意外，他认为是山中的神灵在召唤他。之前他听说水洞上有佛龛，可是刚刚并没看到。这里已然是绝境，怎会有人说笑呢？

徐霞客连忙调转方向，拄着拐杖往上攀登，看到很多裂缝和下垂的窗棂形状的石柱，有僧人用石块把它们塞紧，变成屋子。峡谷后边裂开一条缝，上边绕着朦胧的雾气，洞中有三尊如来佛的塑像，一个和尚住在里面，还有一些人在里面饮酒。可惜刚刚山下听到的那些欢声笑语并不是神灵在召唤，徐霞客有些失落地返回了城里。

文化小贴士

丹霞山位于现在贵州省盘县城关镇以南，海拔一千八百八十八米。山顶有一护国寺，是贵州十大寺庙之一，始建于明万历年间，是道教“玄帝宫”。传说当年有只金鸡口中衔着铜梁从天上飞下来，一个僧人追过去，看那金鸡一直飞到丹霞山顶，树林中有两只猛虎守在两侧，金鸡丢下铜梁飞走，僧人便留在这里建造了一座寺庙，而那个铜梁则被铸成祖师殿大梁和真武祖师铜像，以及一口铜钟。

文化小贴士

护国寺与静闻和尚想去的鸡足山也有着千丝万缕的联系。一位金姓将军在鸡足山华严寺出家，得知丹霞山玄帝宫于天启二年（1622年）毁于战乱，便穿着草鞋，跋山涉水来到丹霞修建寺庙，苦心经营。他也因此被视为“丹霞山开山之祖”。

丹霞山属于典型的石灰岩地貌，溶洞遍布，气候温和，古有“林海”之称，植物、动物众多。

五月初八，徐霞客离开贵州境内，前往下一站。临行前，徐霞客不由感叹，衡阳被抢，狗场堡被骗，又在寓所被偷，万里之外的他此时孑然一身，如今能逃离虎口，也算是万幸了！

余所遇恶人，如衡阳劫盗，狗场拐徒，并此寓所窃钱去者，共三番矣。此寓所窃，初疑为骑夫，后乃知为符主也。人之无良如此！夫劫盗、拐徒无论，如南宁梁冲宇、宝檀僧，并此人，俱有害人之心。余以万里一身，脱其虎口，亦幸矣！

——引自《黔游日记》

小结

相对于广西和云南来说，当时的贵州面积比较小，徐霞客在这里没什么朋友。这段行程，徐霞客和顾仆两个人可谓相依为命，经常没有住的地方，只能住在猪圈旁边，十分辛苦，还遇到过几次歹人，损失了钱财。因此，他并没有在贵州停留太久。

第六节

滇游日记

时间

崇祯十一年（1638年）旧历五月初十至崇祯十三年（1640年）正月

地点

云南省

主要人物

徐霞客

同伴

顾仆

相关游记

《滇游日记》

路线摘要

平彝卫（今富源县）—曲靖—云南省城（今昆明市）—通海—临安（今建水县）—阿迷（今开远市）—广西（今泸西县）—师宗—罗平—黄草坝（今贵州省兴义市）—曲靖—云南省城（今昆明市）—富民—武定—元谋—大姚—姚安—宾川—鹤庆—丽江—剑川—浪穹（今洱源县）—大理—漾濞—永平—永昌（今保山市）—腾越（今腾冲市）—顺宁（今凤庆县）—蒙化（今巍山彝族回族自治县）—迷渡（今弥渡县）—宾川

桃花流水，不出人间

崇祯十一年（1638年）五月初九，徐霞客出贵州西部，进入云南境内。“桃花流水，不出人间，云影苔痕，自成岁月。”徐霞客对云南向往已久，五月初十正式进入曲靖，第一次见到了南盘江，并对南盘江进行了考察，写下著名的《盘江考》，而《滇游日记》现存记录是从八月初七开始的。

徐霞客游历云南耗时一年零九个月，是在老家江阴之外停留时间最长的省份，留下《滇游日记》二十五万字，约占《徐霞客游记》的百分之四十，其足迹遍布十个州市、四十六个县，包括曲靖、昆明、大理、丽江等地，行程三千余千米，堪称“云南深度游”。

六月，徐霞客游览昆明。他环滇池大半圈，写下了《游太华山记》。太华山也叫“碧鸡山”，因为位于昆明西部，滇池西岸，元代之后也俗称为“西山”，是滇池周围的著名景点。出于对滇池的喜欢，徐霞客几个月之后再次回到这里。

他登上华亭寺、太华寺，欣赏寺庙里巨大的山茶花；攀登罗汉寺外陡峭的山崖，经过有黄色石痕挂在崖壁下方的挂榜山，寻找金线泉，旁边的石洞有像柱子一样的石笋，材质如晶莹剔透的玉石；又爬上绝顶，找到传说的黑龙池。

上山返抱一宫。问山顶黑龙池道，须北向太华中，乃南转。然池实在山南金线泉绝顶，以此地崖崇石峻，非攀援可至耳。余辄从危崖历隙上，壁虽峭，石缝多棱，悬跃无不如意。壁纹琼葩瑶茎，千容万变，皆目所未收。

——《滇游日记》

徐霞客十月又回到滇池，这次回来是因为一个人——杨慎。当年杨慎被贬云南，也曾游历云南各地，对云南的自然地貌、山川河流、社会人文进行考察记录，留下了许多关于这里的诗词，如“天气常如二三月，花枝不断四时春”。徐霞客来到这里的时候，已经与杨慎相隔百年之久，但他还是专门去祭拜了杨慎。

文化小贴士

滇池，也叫“昆明湖”，在昆明西南，有盘龙江等河流注入，是云南最大的淡水湖，也是全国第六大淡水湖，有“高原明珠”的美誉。

杨慎是明代著名学者，号升庵。如今，西山脚下有一座升庵祠，是为纪念杨慎而建。升庵祠不远处设有徐霞客纪念馆。

安宁被称为“昆明后花园”，这里的温泉被杨慎称为“天下第一汤”，有九个出水口，昼夜涌出千余吨的温泉水。徐霞客来到了这里，也对这里赞不绝口。崇祯十一年（1638年）十二月，徐霞客来到大理祥云，开启了“三进三出”的大理之行，三次出行累积时间超过八个月，占了游览云南全部时间的三分之一，而这其中停留时间最长的地方就是鸡足山。这里可以称为他万里遐征最重要的一站，也是他的终点站。

池之南，有室三楹，北临池上。池分内外，外固清莹，内更澄澈，而浴者多就外池。内池中有石，高下不一，俱沉水中，其色如绿玉，映水光艳烨然。余所见温泉，滇南最多，此水实为第一。

——引自《滇游日记》

文化小贴士

鸡足山位于大理州宾川县，因形似向前伸出一根脚趾，向后拖着三根脚趾，十分像鸡脚而得名。相传这里是如来首座弟子迦叶的道场，是我国及东南亚著名佛教圣地之一，曾有“三十六寺和七十二庵”的盛景。鸡足山海拔三千二百四十八米，是徐霞客游览过的海拔最高的山峰。

游览鸡足山期间，徐霞客主要居住在鸡足山悉檀寺内。其间，徐霞客为鸡足山留下了三万多字的《鸡山志》，另创作了十九首关于鸡足山寺庙的经典诗词，最精彩的《绝顶四观》描绘了他在鸡足山山顶东观日出、南观祥云、西观苍洱、北观玉龙的绝美景象。

芙蓉万仞削中天，抟挽乾坤面面悬。势压东溟日半夜，天连北极雪千年。晴光西洱摇金镜，瑞色南云列彩筵。奇观尽收今古胜，帝庭呼吸独为偏。

——引自《绝顶四观》

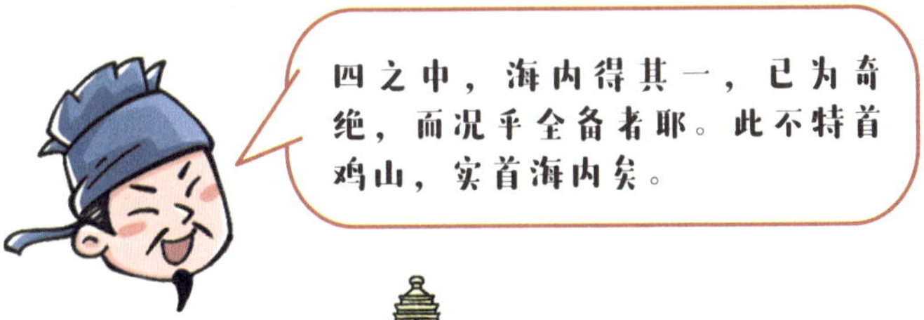

徐霞客在写给静闻和尚的六首《哭静闻禅侣》小序中写道：“矢志名山，来朝鸡足，万里至此。”徐霞客很早就向往鸡足山，几十年前，徐霞客的挚友陈函辉曾向他介绍过王士性写的《游鸡足山记》。读完之后，徐霞客立刻萌生了去鸡足山看一看的想法。到达鸡足山后，徐霞客对别人说，他已经关注洱海以东的这条山脉（鸡足山）快四十年。

文化小贴士

陈函辉是浙江临海人，与徐霞客是密友，也是《徐霞客游记》开篇所写的天台山的引荐人。徐霞客去世后，陈函辉专门为徐霞客撰写了五千余字的《徐霞客墓志铭》。他推荐的王士性也喜欢游览大好河山，是早徐霞客四十年的人文地理学家，其子王立毂也是一位旅行家，曾与父亲一同游览鸡足山。

徐霞客来到这里，还有个重要的原因：静闻和尚生前最大的愿望就是朝拜鸡足山。这一年的十二月二十二，徐霞客带着静闻和尚的遗骨来到这里，也将静闻和尚用鲜血写成的《法华经》护送到鸡足山悉檀寺供奉。从江阴到大理，他们经历了几次生死磨难，多次丢失财物行李，但这本《法华经》都被保留了下来。

徐霞客先将静闻的遗骨埋在寺庙的古梅树之间。悉檀寺的几位僧侣得知此事，准备了安葬静闻墓塔的地方。他的遗骨就被埋葬在文笔山山腰上，并立下墓碑，上书："孰驱之来，迁此皮囊；孰负之去，历此大荒；志在名山，此骨不死；既葬既塔，乃终厥志。藏之名山，传之其人。霞客静闻，山水为馨。"

如今香火不再，悉檀寺和静闻的墓塔已经渐渐被人遗忘。徐霞客在悉檀寺度过了这一年的除夕，吃着芋头和蔬菜，心里十分高兴。

宴客的最高礼遇——铺青松毛

徐霞客在鸡足山的时候，丽江木氏土司木增得知这件事，于崇祯十二年（1639年）正月二十二派通事（翻译）前来陪同，徐霞客便应邀踏上了去往丽江的路。

邱塘关是丽江的门户，被徐霞客称为“其崖累累”“此山真丽之锁钥也”。徐霞客从邱塘关入关，于崇祯十二年（1639年）正月二十五踏入丽江，二月十一离开。

十六天的时间里，徐霞客与木增成了朋友，也记录了美丽繁荣的丽江。丽江处在云南边陲，交通不便，但是独特的地理位置造就了它不俗的景观。金沙江和玉龙雪山都令徐霞客十分向往。

进入丽江城，徐霞客看到平整的田地，小桥流水，绿树成荫，远处可眺望雪山，一排排独具特色的房舍依山而建，覆盖山坡。他并没走进木府，但远远眺望也被它深深震撼，“宫室之丽，拟于王者”，一派王者气概。

徐霞客在丽江时，大部分时间都住在福国寺。这里最早是木氏土司的家庙，他们请汉传大乘佛教的僧人在这里念经修行。徐霞客还在这里写作。寺庙建在白沙坞西边的山腰上，飞檐楼阁，宏伟壮丽，“颇饶烟霞之气”。

木增在他住处的地上铺了平板，上边铺了席子。他让徐霞客坐在席子上，自己则坐在平板上，以此来表达对徐霞客的重视。他还以隆重的纳西族待客方式招待徐霞客，用青松毛铺地，摆出八十种菜肴。

木增让徐霞客品尝了许多当地美食：白葡萄、龙眼、荔枝、乳猪、牦牛舌……徐霞客最爱丽江的生鸡，还安排顾仆把鸡腌制成腊鸡。

徐霞客感受到木增的尊重，也以真情相待。在丽江的这段时间，他为木增的诗集《山中逸趣》撰写跋文，还订正了木增四儿子的文章，并答应木增修写《鸡山志》。历时三个月，他忍着身体上的各种不适，完成了《鸡山志》。

离开丽江后，徐霞客游览了茈碧湖、凤羽、邓川西湖、九气台、鸟吊山等地。茈碧湖是洱海上游的主要湖泊之一，也是洱海的源头，因湖中生长茈碧花得名。徐霞客认为这里的景色虽然不如西湖的六桥花柳，但它四山环翠，碧水如玉，也是西湖不能及的存在。

过一小石梁，其西则平湖浩然，北接海子，南映山光，而西浮雉堞，有堤界其中，直西而达于城。乃遵堤西行，极似明圣苏堤，虽无六桥花柳，而四山环翠，中阜弄珠，又西子之所不能及也。湖中鱼舫泛泛，茸草新蒲，点琼飞翠，有不尽苍茫、无边潋滟之意，湖名『茈碧』，有以也。

——引自《滇游日记》

风羽镇幽静的小巷和黛青色的石板路给徐霞客留下了深刻的印象。作为“茶马古道”的中转站，这里每块青石路都留下了历史的痕迹，也成为徐霞客笔下的桃花源。

五月，徐霞客来到腾冲热海。这是他一生到过的最西边的地方，他称这里为“极边第一城”。热海有几十个温泉，是著名的地热风景区。徐霞客在这里看到了温泉沸腾翻滚的奇景，并在这里停留了一个多月的时间，遥望峡谷瀑布，感受火山温泉。如今，腾冲城区南门依然有徐霞客的雕像。

又南一里，则西山南迸，有峡东注大溪，遥望峡中蒸腾之气，东西数处，郁然勃发，如浓烟卷雾，东濒大溪，西贯山峡。先趋其近溪烟势独大者，则一池大四五亩，中洼如釜，水贮于中，止及其半；其色浑白，从下沸腾，作滚涌之状，而势更厉；沸泡大如弹丸，百枚齐跃而有声，其中高且尺余，亦异观也。

——引自《滇游日记》

徐霞客第三次返回鸡足山是在崇祯十二年（1639 年）的八月二十二。他计划在这里修正《鸡山志》。九月初十这天，陪伴了他三年的顾仆逃走了，卷走了他的衣服和银子。寺中的法师想要派人去追，但徐霞客制止了他。徐霞客在游记中写下："但离乡三载，一主一仆，形影相依，一旦弃余于万里之外，何其忍也！"

如果去追，也许真的能追上顾仆，但徐霞客不想追了。三年的同甘共苦，出生入死，他也跟着徐霞客吃了不少苦头，跋山涉水自然不必说，有时住在猪圈旁边，饥一顿饱一顿，还要面对劫匪无赖。如今既然他想走，怎么能勉强他回来呢？索性随他去吧。

顾仆的逃走对徐霞客的伤害是巨大的。当初四个人从江阴出发，静闻和尚不幸去世，王二早早跑了，如今顾仆也离开了，徐霞客真正地变成了一个人。但他依然忍着身体和心灵的伤痛，兑现对木增土司的承诺，继续考察鸡足山，收集资料，查阅史料，耗时三个月，完成了《鸡山志》。

崇祯十三年（1640年）正月，经年累月的旅行让徐霞客身体倍感不适。结束滇西之行的时候，徐霞客已经不能行走。木增知道之后，安排八名壮士用滑竿竹椅将徐霞客抬下鸡足山，护送他一百五十六天，东归江阴。徐霞客和木增可谓生死之交。

回到老家八个多月后，徐霞客于崇祯十四年（1641年）正月二十七去世，终年五十四岁。

小结

《滇游日记》对云南的政治、文化生活、人民生活状态、丰富的物产、独特的风俗民俗、矿产、植物均有记录，描述了当时社会的发展状况，为后世研究云南历史提供了宝贵资料，具有极高的科学价值。

笑翻了的古书盒子

《徐霞客游记》可以这样读

山川草木卷

〔明〕徐霞客 原著
绘时光 编、绘

中国经济出版社
CHINA ECONOMIC PUBLISHING HOUSE
·北京·

图书在版编目（CIP）数据

《徐霞客游记》可以这样读. 山川草木卷 /（明）徐霞客原著 ; 绘时光编、绘. -- 北京 : 中国经济出版社, 2024. 12. --（笑翻了的古书盒子）. -- ISBN 978-7-5136-7839-1

Ⅰ. K928.9-49

中国国家版本馆CIP数据核字第2024CC3888号

策划编辑　龚风光　杨　祎
责任编辑　王　絜　杨　祎
特约策划　梁　策
特约编辑　杨　娟
责任印制　马小宾
封面设计　何　何

出版发行　中国经济出版社
印 刷 者　永清县晔盛亚胶印有限公司
经 销 者　各地新华书店
开　　本　710mm×1000mm　1/16
印　　张　7.25
字　　数　83千字
版　　次　2024年12月第1版
印　　次　2024年12月第1次
定　　价　118.00元（全三册）
广告经营许可证　京西工商广字第 8179 号

中国经济出版社 **网址** www.economyph.com **社址** 北京市东城区安定门外大街58号 **邮编** 100011

本版图书如存在印装质量问题，请与本社销售中心联系调换（联系电话：010-57512564）

目录

第一节

天台山九日游·与老虎「捉迷藏」

时间

万历四十一年（1613年）旧历三月三十至四月初八，共计九天

地点

浙江省台州市天台县

主要人物

徐霞客

同伴

莲舟上人、云峰和尚

相关游记

《游天台山日记浙江台州府》

路线摘要

梁隍山—筋竹庵—弥陀庵—天封寺—华顶庵—石梁—万年寺—龙王堂—国清寺—明岩—寒岩—步头—坪头潭—桃源—琼台—赤城

古语有云：读万卷书不如行万里路。四百多年前，二十六岁的徐霞客以天台山为起点，走遍中华，游历神州。在此后的二十多年间，徐霞客用脚步丈量了祖国大地的二十一个省、自治区、直辖市，青灯黄卷，留下了六十余万字的游记，记录了对祖国山河的热爱。

癸丑之三月晦，自宁海出西门。云散日朗，人意山光，俱有喜态。

——引自《游天台山日记浙江台州府》

三月三十，行程正式开始。徐霞客从宁海县的西门出发，第一站就是佛教天台宗的发源地——天台山。行过了三十里，终于到达了梁隍山。此时，徐霞客听说此处有猛虎出没，每个月要伤几十人，于是停下来住宿。

第二天，天空下起了小雨，徐霞客没因天气改变行程。山路崎岖湿滑，一行人不得不放弃骑马，步行前进。他的坚持感动了上天，很快，天空放晴。站在高处的他在第一时间看到了雨后初晴美景，山色秀美，泉水叮咚，怒放的杜鹃花隐藏在翠色的叶海之中，十分美丽。

文化小贴士

天台山华顶峰上有千亩云锦杜鹃。云锦杜鹃在古代被称为“娑罗”。此地的云锦杜鹃是全世界年代最久远、平均海拔最高，也是占地面积最大的杜鹃之王，盛开时漫山遍野，犹如花海，是天台山的彩色名片。

此次与徐霞客同行的是他的忘年交——江阴迎福寺住持莲舟上人。一行人在筋竹庵里吃过饭后，又在国清寺遇到了僧人云峰。云峰说接下来的路途漫长，建议他们把行李放到国清寺，轻装前往。徐霞客采纳了他的建议。

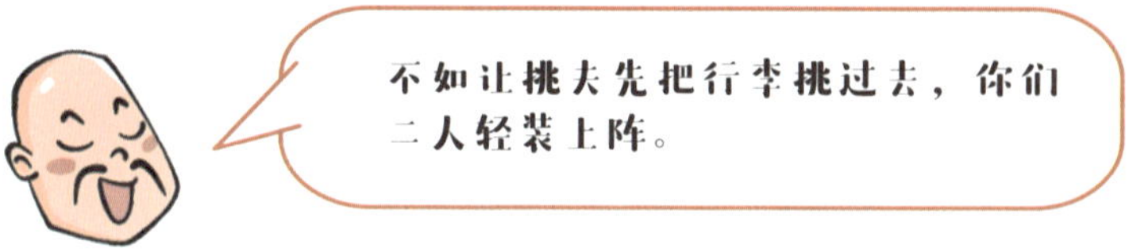

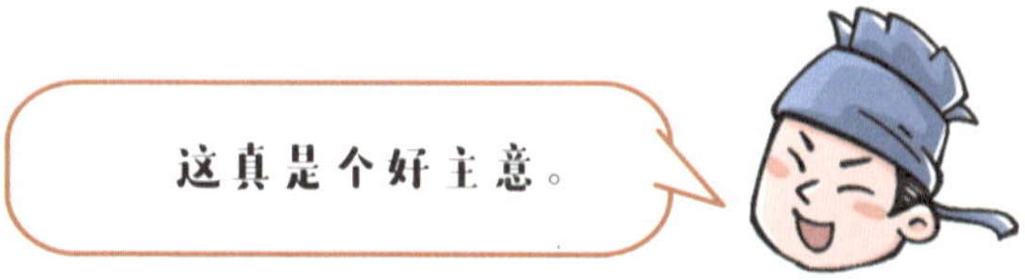

站在天台山的最高处——华顶峰的山巅，寒风吹动衣衫，四周的荒草被劲风吹倒。即使已经到了旧历四月，这里的草也因为山高而结了寸厚的霜。此时再看山岭处，鲜花盛开，与山顶萧瑟的景象形成鲜明对比，别有一番趣味。

荒草靡靡，山高风冽，草上结霜高寸许，而四山回映，琪花玉树，玲珑弥望。

——引自《游天台山日记浙江台州府》

下山路过华顶庵，溪水环绕着山峦，岩石在阳光下焕发着光彩，每走几步都是崭新的景色。徐霞客终于看到了石梁飞瀑，仰头看去，瀑布犹如从天上倾泻而下，很是壮观。

一行人沿着溪水走了八九里，便看到了水流形成的瀑布从石门飞泻而出。徐霞客抑制不住心中的狂喜，光脚跳进了草丛之中，顺着树木向上爬，沿着山崖的走势前进，莲舟上人没办法跟上他。

从万年寺到国清寺大约四十里的路，有许多山岭，每走下一座山，徐霞客都以为自己已经到了平地。可一山接着一山，连着走了许久还没到头，这时他才真切地体会到了华顶峰究竟有多高。

每下一岭，余谓已在平地，及下数重，势犹未止，始悟华顶之高，去天非远！

——引自《游天台山日记浙江台州府》

行程第六天，一觉醒来，又出现了下雨的迹象。徐霞客到达了寒山、拾得两位高僧隐居的明岩。岩洞外有一块奇石，数丈高，上边自然分成两部分，就像两个站立的人。当地的僧人说这就是两位高僧寒山、拾得的化身。

文化小贴士

寒山与拾得两位高僧是唐代天台山国清寺隐僧，也是佛教史上著名的诗僧，并称“寒拾”，相传是文殊菩萨和普贤菩萨的化身，民间也称他们“和合二仙”。相传二人虽脾气古怪，诗作却奇美，经常一起吟诗作对，颇具盛名。

美景逐一被找到，也终于到了要结束此行的日子。徐霞客依依不舍地告别了国清寺，去往下一站。

小结

天台山景区地处宁波、绍兴、金华、台州四市的交界地点，群山围绕，山势巍峨，到处可见奇峰异石，清泉飞瀑。

这次出行的日记是《徐霞客游记》的开篇之作，其中提到的许多景观时隔四百多年依然存在。“中国旅游日”——5月19日，正是根据这篇游记的相关日期而定。

如今天台山依然秀美，徐霞客文化也正以古今结合的方式展现给每个来到这里的人，他走过的路线如今被称为“霞客古道”。从华顶峰到石梁飞瀑，再到国清寺，每一处都有徐霞客留下的痕迹，秀峰、古迹、名茶、奇花，都在等待人们的到来。

第二节

雁荡山五日游·一次惊险的「攀岩」

时间

万历四十一年（1613年）旧历四月十一至四月十五，共计五天

地点

浙江省乐清市、永嘉县、温岭市

主要人物

徐霞客

同伴

莲舟上人

相关游记

《游雁宕山日记浙江温州府》

路线摘要

黄岩—盘山岭—老僧岩—灵峰—灵岩寺—大龙湫瀑布

徐霞客告别天台山，两天后到达了计划中的第二站——雁荡山。

雁荡山因雁湖得名，相传那里芦苇茂密，南归的秋雁都在那里歇脚，可是雁湖究竟在哪里，当时没有几个人能说清，只猜测是大龙湫瀑布的源头。此前，徐霞客对于雁湖的了解也多来自志书记载。

出发之前，徐霞客为自己制定了一个小目标，就是找到传说中的雁湖，验证“宕在山顶，龙湫之水，即自宕来”的说法。

雁荡山以奇峰怪石闻名，四月十一，徐霞客终于登上盘山岭，眺望雁荡山的美景。雁荡山就像是芙蓉直插蓝天，景色如片片花瓣映入眼帘。去往灵峰的路上，徐霞客看到了逼真的老僧岩，形态犹如披着袈裟的老僧，高百尺，秃顶，直直地站立着，旁边还跟着个弯腰的孩童，生动有趣。

五里，过章家楼，始见老僧真面目：袈衣秃顶，宛然兀立，高可百尺。侧又一小童伛偻于后，向为老僧所掩耳。

——引自《游雁宕山日记浙江温州府》

徐霞客见识了形态万千的岩石，有的像刀削般挺立，有的像并立的竹笋，有的像挺拔的灵芝，有的像倾斜的头巾，险峰重重，鬼斧神工。经过了如羽翼相接的双鸾峰，还有神似五位并肩前行老翁的五老峰，徐霞客终于到达雁荡三绝的第一处，雁荡山的东大门——灵峰。

四月十二，徐霞客从灵峰右侧出发，一路上游览碧霄洞、谢公岭、响岩、净名寺、水帘谷，最终到达灵岩寺。

绝壁围绕四周，灵岩寺位于其中，背后便是屏霞嶂。屏霞嶂顶部平整，是紫色的岩石，有数百丈高，左边是展旗峰，右边是天柱峰，龙鼻水就在天柱峰那侧，出水的洞口也很特别，是黄紫色，唯独缝隙有一缕青红色的石纹，还很湿润，看起来很像龙鳞龙爪的形状，落下的一端很像龙的鼻子，鼻尖的石孔可以容纳手指，水就从石孔里滴下来，流入石盆，被徐霞客称为“嶂右第一奇”。

文化小贴士

相传，早前石龙鼻孔，一个喷米，另一个喷水，所喷的米是灵岩寺和尚们一天的粮食，总是刚刚好够吃。后来有和尚起了贪念，想让它多喷一些，便用一根竹竿往鼻孔里捅，突然“轰隆”一声巨响，喷出一股大水，冲走了贪心的和尚。从那以后，龙鼻孔只喷水，不喷米了。

四月十三，徐霞客一行人来到大龙湫瀑布，水流轰然从高处落下来，重重砸入潭水。这里的山石太过陡峭，流水没有任何阻拦，腾空落下，让下边的人看得目眩恐惧。徐霞客坐在瀑布对面观赏了很久，才恋恋不舍地离开。

龙湫之瀑，轰然下捣潭中，岩势开张峭削，水无所着，腾空飘荡，顿令心目眩怖。

——引自《游雁宕山日记浙江温州府》

四月十四，徐霞客请了清隐和尚的徒弟做向导。清隐和尚告诉徐霞客，此时的雁湖长满了草，已经成了荒芜的田地，徒弟还要去其他地方，但是可以带他去峰顶看看。

山势越来越陡峭，每个人都拿了根拐杖。到达山顶后，他们果然看到了极美的云海景象。雁荡山几十座山峰就像是云海中的朵朵鲜花，阳光照在山尖上，就像是盛冰的玉壶，瑶台仙界一般的景象。

四望，白云迷漫一色，平铺峰下。诸峰朵朵，仅露一顶，日光映之，如冰壶瑶界，不辨海陆。

——引自《游雁宕山日记浙江温州府》

接下来，徐霞客决定按照书中所说，改变路线向东走，此时莲舟上人已经很疲惫，无法跟上徐霞客。

前方还有很多山，已经没有人走过的痕迹。山脊越来越窄，走在上面，像走在刀背上一样。山路难行，徐霞客却一直在坚持，可是越走越疑惑——这样的地形怎么能容得下雁湖的存在呢？

走到最后，山路已经没有地方下脚。徐霞客站在山崖上踌躇了很久，地势陡峭，已经无法沿着来时的路返回。他看到一侧岩石上有石级，便让奴仆用四条裹脚布接成一根绳子，从悬崖上垂下去。一个奴仆先顺着绳子下去，徐霞客紧随其后，本来以为能在石级处找到回去的路，结果发现，这里只能放下脚，根本没有路。

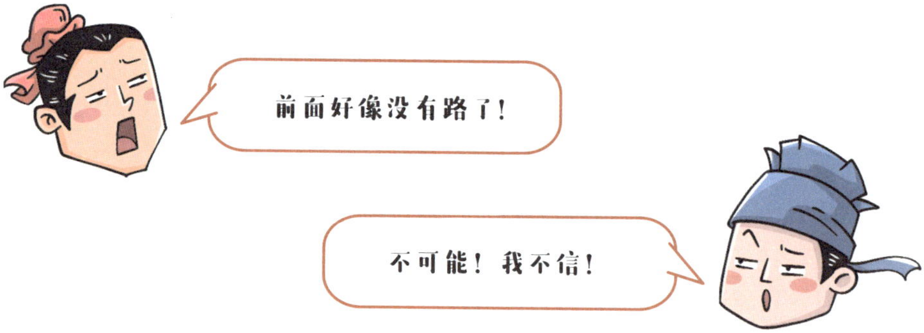

主仆几人只好想办法再爬上去，可尖锐的石峰磨断了布绳，他们只好重新接上，拼尽全力将布绳挂上去，然后爬到上边的岩石上，这才脱离险境。

等回到云静庵的时候，太阳已经落山，主仆几人狼狈不堪，追寻雁湖的兴致也磨灭大半，于是告别了清隐和尚，回到大龙湫瀑布。

这次寻找雁湖的行程十分凶险，险些把性命丢在险峻的雁荡山中，徐霞客最后决定放弃寻找雁湖的想法。

第一次雁荡山之旅在遗憾中结束，但这件事像是一颗小小的种子，在徐霞客的心底扎了根。二十年间，徐霞客两次回到雁荡山，继续他的“寻湖之旅”，终于在崇祯五年（1632年）五月初三，他第三次攀登雁荡山时，找到了传说中的雁湖。他发现雁湖并不是书中记载的一个大湖，而是由六个不相连的洼地中的积水组成的。

徐霞客了却了心中的遗憾，也用游记证明了志书关于“宕在山顶，龙湫之水，即自宕来”的说法是错误的。

小结

雁荡山是中国绝美的地质公园之一，是“三山五岳”之一，被古往今来无数文人墨客所赞美，留下了许多诗文和石刻，被称为“中国山水诗派的起点”。徐霞客从地理学的角度，记录了雁荡山的雄奇壮美。

如今的雁荡山已经是国家重点风景名胜区，更有“世界地质公园”的称号，八大景区、五百多个景点名扬海内外，被誉为“海上名山，寰中绝胜”。“雁荡三绝”灵峰、灵岩、大龙湫瀑布还在吸引着无数游客。

第三节

白岳山六日游·山中『冰雪奇缘』

时间

万历四十四年（1616 年）旧历正月二十六至二月初一，共计六天

地点

安徽省黄山市休宁县

主要人物

徐霞客

同伴

浔阳叔翁、伯化道人

相关游记

《游白岳山日记徽州府休宁县》

路线摘要

徽州府休宁县—太素宫—罗汉洞—文昌阁—舍身崖—石桥岩—龙井—观音岩

位于安徽省黄山市休宁县的齐云山，古称“白岳山”，是我国著名的道教圣地，与湖北武当山、四川青城山、江西龙虎山并称“四大道教名山”。又因与黄山南北相望，有“黄山白岳甲江南”的美誉。

曾有很多人在白岳山的山岩下、幽洞中修行，徐霞客一生中多次游览过的山只有四座，其中就包括白岳山，可见他对这里的喜爱。

万历四十四年正月二十六，徐霞客到达徽州府休宁县。此时正值寒冬腊月，恰逢一场大雪，天色昏暗，徐霞客借用庙里的灯笼照路，一路踩着冰凌向上攀登，进入榔梅庵。

沿途虽有天门、珠帘等美景，但他并没停留。两侧树林中不时有冰凌坠落的铮铮声响，伴着他顶风冒雪前行。一场大雪突然而至，约好一同游览白岳山的浔阳叔翁和奴仆还没赶到，徐霞客一个人躺在山房的床上，听着雪融化成水从房檐滴落的声音，久久未能入眠。

大雪既是插曲，也是惊喜。第二天一早起床，徐霞客就看到了冰花玉树的景象，漫山都是银白色的奇景。等到浔阳叔翁和奴仆到达，一行人便出发寻访太素宫。太素宫是白岳山上最大的宫观，坐南朝北，传说里面玄帝的塑像由百鸟口衔来的泥巴堆积而成，颜色黧黑，是宋代的杰作，左右还有王灵官殿和赵元帅殿，都是雄伟壮丽的景象。

起视满山冰花玉树，迷漫一色。
——引自《游白岳山日记徽州府休宁县》

文化小贴士

灵官是道教最崇奉的护法尊神。王灵官（王善）、赵元帅（赵公明）与马灵官（马胜）、温灵官（温琼）并称“道教四大灵官”，其中，最有名的是王灵官，而赵元帅则是后来人们口中的财神爷。

太素宫背靠着齐云岩，面对着香炉峰。香炉峰，顾名思义，形似香炉，独立挺拔，有数十丈高，徐霞客倒觉得它像倒扣的钟。没去过天台山和雁荡山的人一定对它感到惊奇。

白岳山是丹霞地貌，奇峰怪石众多，徐霞客在这附近看到了紫玉屏、紫霄崖、三姑峰、五老峰、文昌阁，回去的路上到达了罗汉洞。罗汉洞嵌在石崖深处，纵深十五里，十分奇妙。石崖的尽头就是天门，中间是空的，人不仅可以在其中出入行走，也可以真切地感受到这里的高阔气爽，领略天门风采。天门内的珠帘飞水，被徐霞客称为“第一奇景”。

夜里，睡梦中的徐霞客听到有人说下了大雪，漫山遍野都被白色覆盖。昨天，伯化道人约他今天一同游览五井、桥岩，可天公不作美，徐霞客一直等到将近中午才起床前往，大雪拦路，未能如愿，只到达了文昌阁，看着天地间一片白茫茫的奇景，也别有一番滋味。

等到正月二十九，奴仆报告说云已经散开，阳光已经照在树梢，徐霞客赶忙穿好衣服。真是难得的好天气，终于看到了久违的蓝天。

着急欣赏美景的徐霞客催促伯化道人吃饭，好快点儿出发。可当吃完饭的时候，大雪又下了起来，飞雪累积超过一尺，又不能出门了。徐霞客只好听一个叫程振华的道士给他讲一讲九井、桥岩、傅岩等处的景色。

又等了一天，到了正月三十，雪不但没停，反倒下得更大了，还有浓浓的雾弥散在山间，让人辨不清方向。伯化道人带着酒，和徐霞客一同来到舍身崖，在睇元阁里饮酒。睇元阁在舍身崖侧面，冰柱一根一根地垂下来，悬在崖下的有一丈长。或远或近的山峰都隐在大雾之中，就算香炉峰很近，也已经看不见它的影子了。

二月初一，天终于晴朗起来。浔阳叔翁的脚被冻裂，只能留在庵中休息，徐霞客同伯化道人一同出门，翻山越岭，直奔石桥岩。山石都是紫色的，只有一条青色的石龙蜿蜒在石岩之内，龙头突出一尺多高，水从龙口滴下，叫作“龙涎泉”，与雁荡山的龙鼻水很像。

山石皆紫，独有一青石龙蜿蜒于内，头垂空尺余，水下滴，曰龙涎泉，颇如雁宕龙鼻水。

——引自《游白岳山日记徽州府休宁县》

徐霞客找到一位引路的向导，对方建议他去傅岩，不用去观音岩，道路难走，还有大雪弥漫，但他没有同意，因为他担心没有办法兼顾游览棋盘石、龙井的盛景。

跋涉许久，徐霞客终于看到像一朵大蘑菇的棋盘石。登上棋盘石，他看到这里被白玉一样的积雪覆盖，回头看高耸入云的傅岩，发现它们距离并不远，此时他有些后悔没有听向导的建议。等到了观音岩，徐霞客发现这里并没有什么奇观异景，可此时后悔晚矣，已经错失了游览傅岩的好时机。

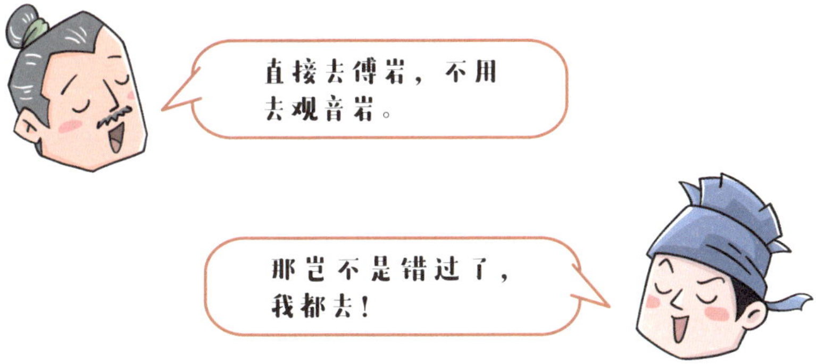

伯化道人建议抓紧时间去往大龙井，因为天色已晚，路会更加难走。这时他们偶遇了一位黄山归来的和尚。和尚说：“这里走出去就是大溪，你们还要去观赏什么景致？”

这次徐霞客决定听从建议，开始返程。回到庵中，和大家回忆今天的行程，才知道大龙井就在大溪口处，他们的脚趾几乎已经触及那里，却因为听了和尚的建议返回。徐霞客不由地感叹道：“看来一切都是天意啊！”

六天的行程，大部分时间都因为下雪而出行受限，却也在机缘巧合下成就了一段冰雪奇缘，种种遗憾为下次到来埋下了种子。就像徐霞客最后感叹的那样，也许一切都是天意。

相与追述所历，始知大龙井正在大溪口，足趾已及，而为僧所阻，亦数也！

——引自《游白岳山日记 徽州府休宁县》

小结

廊崖“一石插天，直入云端，与碧云齐”，白岳山被清乾隆帝称为“天下无双胜境，江南第一名山”。

九里山路上有十三座风格各异的亭子，被称为“九里十三亭”，因徐霞客的两次到访，也被称为“霞客古道”。

奇峰、怪岩、幽洞、飞泉，引人入胜。实际上，白岳山的山头并不高，最高处的海拔也仅有五百八十五米，是典型的丹霞地貌。如果春夏前往，你能看到红色的山体和青绿色的植被相映成趣。

这里千百年来吸引了许多文人墨客，除了徐霞客，朱熹、郁达夫等都在这里留下了作品，为这座道教名山赋予了更多的文学意义。

第四节

黄山十日游·光明顶下「讨饭」

时间

万历四十四年（1616 年）旧历二月初二至二月十一，共计十天

地点

安徽省黄山市

主要人物

徐霞客

同伴

浔阳叔翁

相关游记

《游黄山日记徽州府》

路线摘要

汤口—祥符寺—莲花庵—慈光寺—天门—平天矼—光明顶—狮子林—石笋矼—扰龙松—僧坐石—青龙潭—飞来峰—炼丹台—汤口

徐霞客晚年时，江南文宗钱谦益作为他的挚友，曾问过他这样一个问题：“游历四海明川，何处最奇？”

此时的徐霞客早已领略了五湖四海的壮丽，他略加思索后，给出这样的答案：“薄海内外无如徽之黄山，登黄山，天下无山，观止矣。”后来这句话被引申为那句广为流传的赞誉——“五岳归来不看山，黄山归来不看岳”。

黄山原名“黟山”，因为山体岩石多呈青黑色而得名，后来因有轩辕黄帝在此处炼丹的传说，改名为“黄山”。黄山以奇松、怪石、云海、温泉、冬雪“五绝”闻名天下，拥有“天下第一奇山”的称号。

徐霞客二月初一离开白岳山后，直接出发前往黄山，这是他人生中第一次登上黄山。

二月初四这天，下了一天大雪，有了白岳山的经历，此刻徐霞客不急不躁，静静坐在那里听雪落下的声音。

有了白岳山多日的大雪做铺垫，徐霞客并没有被眼前的风雪劝退。他决定短暂休整后，继续出发。

汤深三尺，时凝寒未解，而汤气郁然，水泡池底汩汩起，气本香冽。

——引自《游黄山日记徽州府》

文化小贴士

黄山温泉古称“朱砂泉”，自唐朝开始享誉千年。传说中华民族的祖先轩辕黄帝曾在此沐浴，皱褶消除，返老还童，黄山温泉因此名声大振，被称为“灵泉”。

二月初五，还是阴天，徐霞客睡到中午，挥印和尚让徒弟带着他去了附近的慈光寺。寺中的和尚告诉他，因为大雪，黄山已经封山两个多月了，他们派人给山上的寺庙送粮食都送不上去。由于大雪，徐霞客不能远走，扫兴而归，只好继续睡觉。

二月初六，天终于晴了。徐霞客寻了一位向导，带着筇竹杖，沿着山下的古路上山，经过慈光寺，从慈光寺的左边向上，石阶被积雪覆盖，犹如白玉一般，稀疏的树木上落着毛茸茸的雪花，景色十分美妙。

可是背阴的地方就有些麻烦，因为这里的雪已经冻成了冰，又硬又滑，徐霞客只好用筇竹杖先敲出一个冰孔，放一只脚，再往前敲一个冰孔，放另一只脚，缓慢前行。

路上，徐霞客遇到一群像是从天而降的和尚。他们双手合十，好奇地问道：“这里已经被雪阻隔了快三个月，我们为了寻找粮食才勉强走到这里，诸位是怎么上来的？”

和尚又告知徐霞客，前海各庵的僧人都已经下了山，后海的山路还不能通行，此时只有莲花洞的路勉强可以走。

沿着和尚指的路，徐霞客一行人一直往北走，到达天门。走了三十里山路，他们肚子饿了，只好来到一座庵里歇息，讨口斋饭充饥。这里的住持名叫智空，拿出稀饭招待他们，并提醒徐霞客说："这刚出来的太阳太明亮，恐怕不会是长久的晴天。如果你还有力气，可以先爬到光明顶，再来吃中午饭，这样今天就可以抵达石笋矼，晚上可以在另一位禅师处歇息。"

一行人终于登上了光明顶，天都、莲花两座高峰在前方并肩而立。徐霞客坐在巨石上，与坐在光明大顶上的浔阳叔翁隔空对望，各自夸耀着眼前绝美的景致。

一行人来到狮子林庵休息，和这里的住持霞光聊天，说是路上看到了夕阳照耀着树林，明天可能是晴天，但霞光引导徐霞客登上前楼，看着天边一条碧绿色的痕迹。徐霞客本来以为那是山峰的阴影，霞光告诉他，那是下雨之前的云气。徐霞客沉默了。

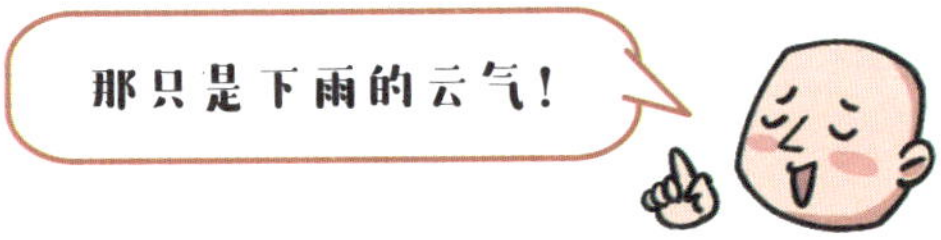

果然，二月初七就起了雾。徐霞客一行人踏着积雪下山，看到了传说中的扰龙松。扰龙松是徐霞客记录的两棵黄山奇松古树之一，它在一个突出的山峰上，撑裂石头长出来，枝干高不过二尺，但翠绿的枝叶有三丈多长，树根上上下下穿过石岩，长度几乎和山峰的高度相等。

坞半一峰突起，上有一松裂石而出，巨干高不及二尺，而斜拖曲结，蟠翠三丈余，其根穿石上下，几与峰等，所谓『扰龙松』是也。

——引自《游黄山日记徽州府》

文化小贴士

扰龙松曾是黄山九大名松之首，也有传说因它长在高耸的孤立石峰上，形状酷似竖立的毛笔，奇松形状犹如笔尖开出的花，被称为“梦笔生花”。

但因为自然衰老，这棵六百多岁的黄山松已经在1982年枯死，当地有关部门曾在同样的位置放了个塑料的松树模型，引起许多争议。若干年后，塑料松树也风化断落，树干龟裂。为了让后人感受“梦笔生花”的奇妙，不留遗憾，相关部门又重新培育了一棵黄山松，让新树在旧地“复活”。因此，我们现在看到的“梦笔生花”，已经不是《徐霞客游记》中的扰龙松了。

徐霞客本来计划在二月初八这天去寻觅石笋矼的奥秘，结果天公不作美，浓雾弥漫了整个山野，又下起了大雨，一行人迷失了方向，只好到偶遇的庵中住了下来。庵里的慈明和尚介绍说，附近山峰岩洞的奇妙不输石笋矼，于是二月初九这天，徐霞客一行人便前去观看，结果发现，这里并不能和石笋矼比肩。

二月初十这天，清晨，大雨如注，中午稍停一些，一行人便拄着拐杖出发，途经飞来峰、炼丹台、翠微峰、海螺石。在雨中欣赏这些景色，倒也奇特。

二月十一这天，徐霞客登上了百步云梯。本来计划去莲花峰，但因为雨始终不停，多处溪水暴涨，让山路更加难行，一行人只好放弃攀登莲花峰的想法，改成下山，行程也在遗憾中结束。

有遗憾自然也有惊喜，徐霞客此行看到了云海、冬雪、雾凇、冰挂，这些都是夏季没有的景观。

徐霞客此行只登上了黄山的第三大峰——光明顶，而莲花、天都二峰只是远远眺望，这成为他心中未完成的梦想，也为他两年后再登黄山埋下了伏笔。

两年后的明万历四十六年（1618年）九月初四，过了而立之年的徐霞客已经游览许多名山大川，称得上见多识广，但依然对黄山念念不忘，故地重游，逗留五日，终于得偿所愿，游览了莲花、天都二峰。

为此，徐霞客在《游黄山日记后》中写道：“因念黄山当生平奇览，而有奇若此，前未一探，兹游快且愧矣！”流云中的黄山三十六大峰、三十六小峰像是漂在海上的仙山，是徐霞客梦中的样子。并且，徐霞客仅凭目测，就得出莲花峰是黄山最高峰的结论，成为说出这一结论的历史第一人，十分了不起。

小结

有人说黄山有泰山之雄、华山之险、庐山之瀑、衡山之石、雁山之怪、峨眉之凉，曾给《徐霞客游记》作序的清人潘耒评价黄山：“大矣，富矣，神矣，妙矣。”

这次游览黄山所写下的《游黄山日记徽州府》有别于后来很多山川游记里的白描手法。此时徐霞客的游记散发出来的都是他对游山玩水乐趣的追求，也印证了黄山独特的魅力。

第五节

武夷山三日游

匍匐前进，感受『特种兵』式旅行

时间

万历四十四年（1616年）旧历二月二十一至二月二十三，共计三天

地点

福建西北部与江西交界

主要人物

徐霞客

同伴

奴仆

相关游记

《游武彝山日记福建建宁府崇安县》

路线摘要

九曲溪—云窝—茶洞—天游峰—小桃源—鼓子岩—灵峰—狮子岩—紫阳书院—金鸡岩—会真观—三姑峰—水帘洞—崇安

徐霞客带着些许遗憾离开了黄山，入福建省崇安县，直奔武夷山而去。这里虽无特别高的山峰，但是奇景众多，尤其是武彝溪两岸，石峰涧水。徐霞客一行人沿着溪水回曲，登陆入山。

有人总结武夷山文化为“一水一山一壶茶”，从徐霞客留下的游记中也可以看出他偏爱武夷山，三日的足迹就遍及武夷山方圆近千公里，水陆兼程，饱览三十六峰、九十九岩，再逆流顺流双向鼓棹九曲溪，领略了“一溪贯群山，清浅萦九曲。溪边列岩岫，倒影浸寒绿”的奇丽景致。

二月二十一，徐霞客一行人出崇安县南城门，乘船前行，看见前方横斜的幔亭峰和高耸的大王峰，武彝溪就在那里。水流很急，纤夫赤脚行走在溪水间，拉动船前行。

溪水流动间，徐霞客看到第一曲的题诗和刻字，第二曲的悬崖峭壁，第三曲的悬崖顶端的孔穴插着很多木板，像织布机一样。一只小船斜架在孔穴的木板末端，名为“架壑舟”。

文化小贴士

架壑舟也叫“架壑船棺”，是古时候武夷山一带古越族人葬俗的遗物，可以理解为造型奇特的棺椁。古人对高山十分崇仰，认为把逝者的棺椁放在离天神最近的地方，可以不被世人打扰，庇护后人。至于武夷山的先人在三千年前是如何把船棺吊在悬崖绝壁间的，至今仍是个谜。

第四曲有鸡栖岩，第五曲有更衣台、天柱峰，第六曲左右也都是岩峰。高险的石梯和悬崖上的飞檐斗阁，令人十分神往。行到此处，溪流变得湍急汹涌，一行人只能返还到曹家石停泊。

沿着锁链向山峰攀爬，一行人来到大隐屏的峰顶。这里有亭有竹，四面都是悬崖峭壁，站在高处凭空向下看，就能真切地体会到仙境和凡间之间的距离有多么遥远。从悬梯下到茶洞，再回望刚刚登上去的地方，那里仿佛处于仙境之中。

天游峰位于九曲溪的中央，并不临溪水，但九曲的溪流从三面环绕它。

后人称天游峰为“武夷山第一胜地”，正是由《徐霞客游记》中的内容而来。当时徐霞客站在峰台之上，眺望已经西沉过半的夕阳，远近的山峰层峦叠嶂，色彩缤纷，气象万千，他突然意识到天色已晚，虽然游兴未尽，却不得不告别此处。回到游船时，天色已深。

其不临溪而能尽九溪之胜，此峰固应第一也。

——引自《游武彝山日记福建建宁府崇安县》

二月二十二，徐霞客从第七曲开始继续游览，看过北廊岩、天壶峰，来到第八曲，看到鼓子岩。鼓子岩由两块岩石直立而成，岩下山坳是一条长廊，内有一鼓子庵。吴公洞、三教峰就在这附近，这里的路十分凶险，两边悬崖对峙，中间狭窄，岩壁参天。走在中间的狭缝中，令人毛骨悚然。

第九曲的尽头有一处奇异的岩石，上下都是陡峭的石壁，横凹的地方仅有一线宽。徐霞客弯腰弓背，用膝盖爬行，上下距离只有七寸，宽度只有一尺五寸，外边就是万丈悬崖。他前胸后背都在和岩石摩擦，爬了很久，才从这险要的地方出来。

岩北尽处，更有一岩尤奇：上下皆绝壁，壁间横坳仅一线，须伏身蛇行，盘壁而度，乃可入。余即从壁坳行；已而坳渐低，壁渐危，则就而伛偻；愈低愈狭，则膝行蛇伏，至坳转处，上下仅悬七寸，阔止尺五。坳外壁深万仞。余匍匐以进，胸背相摩，盘旋久之，得度其险。岩果轩敞层叠，有斧凿置于中，欲开道而未就也。半晌，返前岩。更至后岩，方构新室，亦幽敞可爱。

——引自《游武彝山日记福建建宁府崇安县》

武夷山还有一处是徐霞客一定要去的地方，就是紫阳书院。行船至伏羲洞，左边出来便是紫阳书院，他到此处认真拜谒了朱熹先生的雕像。

文化小贴士

朱熹，人称“朱文公”，是南宋时期著名的理学家、哲学家、思想家、政治家、教育家、诗人。他是唯一非孔子亲传弟子而享祀孔庙的人，位列大成殿十二哲者。其思想对元、明、清三朝影响巨大，称得上三朝的官方哲学。紫阳书院是朱熹曾经的讲学之地，武夷山见证了朱熹的一路成长和朱子理学的诞生。他曾在五十五岁时回到武夷山，留下了著名的《九曲棹歌》。诗中说：“武夷山上有仙灵，山下寒流曲曲清。”

二月二十三是徐霞客游览武夷山的最后一天。这天，他先进入会真观，拜过武彝君和徐仙人的遗体，又到达换骨岩，看到了岩壁半腰流出的泉水，然后到达水帘洞。这里山崖高耸，泉水从顶端倾泻，千丝万缕无比壮观。

回来的路上，徐霞客误入了赤石街，到了溪边，挂上船帆走了二十里，才回到崇安县。武夷山行程到此结束。

游览武夷山这年，徐霞客即将三十岁。年富力强的他用三天时间将武夷山著名的山峰游览一遍，精力充沛，令人折服。

小结

武夷山古称“武彝山”，主峰黄岗山海拔二千一百五十八米，方圆近千公里，著名的三十六峰分布在溪水两岸，属于丹霞地貌，可见红色的砂岩。

徐霞客此行时间很短，却安排巧妙，以溪水为向导，游览了九曲溪两岸的景致。此番游历给他留下了深刻的印象。如今的武夷山是世界文化和自然遗产双重遗产地，更有“碧水丹山”“奇秀甲东南”的称号，吸引着无数游客重走徐霞客“九曲游武彝”之路。

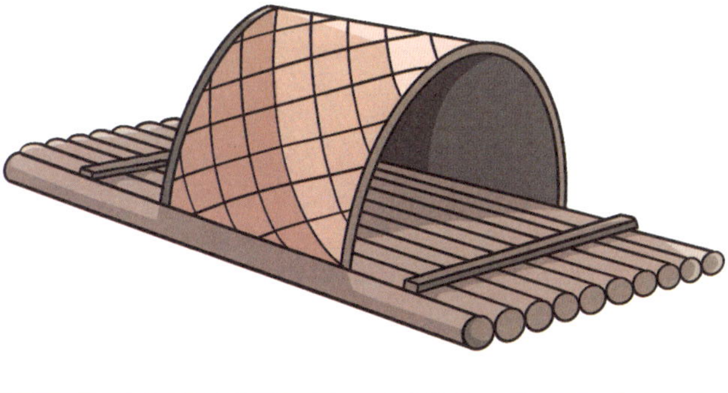

第六节

庐山六日游·飞流直下三千尺，向李白「致敬」

时间

万历四十六年（1618年）旧历八月十八至八月二十三，共计六天

地点

江西省九江市庐山市

主要人物

徐霞客

同伴

徐应震、白夫

相关游记

《游庐山日记江西九江府》

路线摘要

西林寺—东林寺—报国寺—狮子岩—天池寺—披霞亭—大林寺—白鹿升仙台—佛手岩—竹林寺—铁船峰—神龙宫—金竹坪—莲花峰—仰天坪—汉阳峰—五老峰—三叠泉—三峡涧—白鹤观—白鹿洞—开先寺—马尾泉—文殊台—黄石岩

庐山又名“匡山”，是中华十大名山之一，素有“匡庐奇秀甲天下”的美誉。世人向往庐山，多是因为诗仙李白那首《望庐山瀑布》。

日照香炉生紫烟，遥看瀑布挂前川。
飞流直下三千尺，疑是银河落九天。

巍峨壮美的庐山像一幅云山雾罩的画卷。只有亲身体验它的雄、奇、险、秀，你才能领略诗词中所描绘的震撼之感。

1617年，徐霞客夫人许氏病逝，徐霞客因此情绪低落，在家休整了很长时间。1618年中秋节前，徐霞客找到在兵马司衙门任职的族兄徐应震，相约中秋节后一同游览谪仙人李白口中壮丽恢宏的庐山。

八月十八，徐霞客同徐应震、白夫等一同来到了江西省九江市，在秋高气爽的天气里换乘小船，沿着长江向南航行。一行人路过西林寺，到达东林寺。

文化小贴士

西林寺是北宋大诗人苏轼题写《题西林壁》的地方，“不识庐山真面目，只缘身在此山中”便出自这首诗。这首诗是元丰七年（1084年）苏轼由黄州贬所改迁汝州团练副使，与友人游览庐山时创作。

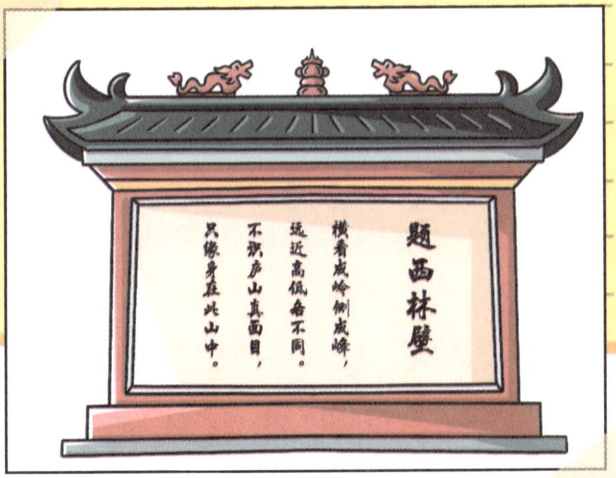

这里背靠东林山、面对庐山，是九江到建昌的交通要道。寺前有一条小溪，溪上是虎溪桥，传说中三笑堂就在它的右侧。

文化小贴士

徐霞客所说的“虎溪三笑”是则佛门传说。相传东晋时期，有个法号叫慧远的高僧，喜欢结交天下朋友，曾住在东林寺中研究佛法。为了表示他的决心，就以东林寺的虎溪为界，立下誓约：“影不出户，迹不入俗，送客不过虎溪桥。”

有一次，诗人陶渊明和道士陆修静途经这里，与慧远高僧相谈甚欢，不知不觉天色已晚。慧远送他们出山，路上愉快地说着话，送了一程又一程，突然听到山林里传出虎啸风声，这才发觉早已经过了他当时立下誓约的虎溪桥。

三人相视大笑。后人在他们分开的地方修建了三笑亭，还留下一联：“桥跨虎溪，三教三源流，三人三笑语；莲开僧舍，一花一世界，一叶一如来。”

第二天，徐霞客一行人出发去往天池寺，路上遇到分叉路，一条是奇险的山路，另一条是平坦的大道。几人商量一番，徐应震、白夫等决定走平坦的大道。徐霞客因为有天台山、雁荡山的游览经历，更向往石门风景的奇美，所以决定选择奇险的山路。

大雾中，这条山路果然艰险，乱石铺地，悬崖挡路，时而穿过缝隙，时而攀登山崖，石崖上没有石阶时，人需要挽住藤条攀爬过去。历经千难万险，徐霞客终于看到庐山山顶最古老的寺庙——天池寺。

从庵后小径，复出石门一重，俱从石崖上，上攀下蹑，磴穷则挽藤，藤绝置木梯以上。——引自《游庐山日记江西九江府》

第三天，雾全部散尽，一行人离开天池寺，奔向文殊台。可是到达莲花峰侧面的时候，大雾再次来临，山顶到处都是嶙峋的岩石，无法登顶。

在去往庐山最高峰——汉阳峰的路上，一行人看到层峦叠嶂，仿佛不是人世间的美景。他们遇到了穿着破烂僧衣、正在挑水磨豆腐的慧灯和尚，另外，还有几个慕慧灯和尚的名而来的僧人。徐霞客一行人和僧人共同品尝了慧灯和尚亲手做的豆腐。

八月二十一，徐霞客一行人告别了慧灯和尚，从小路直奔汉阳峰顶，路上攀着茅草，拉着荆棘，十分不易。站在高处，眺望四周，南看鄱阳湖浩浩荡荡的湖水和天际相连，东看湖口，西看建昌，群山历历在目，只有背面的桃花峰可以比肩。

五老峰上的方广寺里有一位知觉和尚，他很熟悉三叠泉瀑布，便跟随徐霞客前往。道路十分艰险，乱石中流水穿过，没有路的时候，他们就只能在溪水中的乱石上行走，圆的石头滑脚，尖的石头刺破鞋子。就这样，他们最终找到一汪碧绿的泉水，上方有澎湃的水流倾泻而下，如喷雪一般，溅起白色的水花，越往下，水流越大，轰隆声如滚雷一般，像是要把峡谷震倒一样，十分壮观。

既而涧旁路亦穷，从涧中乱石行，圆者滑足，尖者刺履。如是三里，得绿水潭。一泓深碧，怒流倾泻于上，流者喷雪，停者毓黛。

——引自《游庐山日记江西九江府》

文化小贴士

庐山瀑布几十处，最出名的便是三叠泉瀑布，落差高达一百五十五米，有“不到三叠泉，不算庐山客”的说法。瀑布自大月山流出，再流过五老峰，经过山川石阶后，叠成了三叠的景观，故称为“三叠泉瀑布”。

八月二十二，一行人离开方广寺，下山走了十里，到达楞伽院侧面。遥望远处山腰，瀑布从空中飞跃而下，映出四周的青紫色，这也许就是李白诗中所写的“紫烟”。

一行人路过飞泉激荡的三峡涧，来到白鹿洞。白鹿洞书院坐落在庐山五老峰南麓，是我国宋代最高学府之一。朱熹振兴白鹿洞书院后，开创了中国讲学式教育的先河。

八月二十三，徐霞客一行人沿着开先寺后边的小路登山，来到了马尾泉，攀上一座尖峰，文殊台在最顶端。孤峰拔地而起，四面没有依靠。登上文殊台，才能看到瀑布的全景。徐霞客寻到瀑布的上游，看到造型奇异的黄石岩，修长的竹子在群峰之上摇动，与山花和霜叶掩映，景致极为优美。

小结

庐山是文化名山，陶渊明、李白、白居易、苏轼、王安石等一千五百多位文坛大家都登上过庐山，留下了关于庐山的多首诗词歌赋。庐山“一山藏六教”，寺庙、道观和学院完美地融合在其自然景观之中，如此奇景，天下难寻。

第七节

九鲤湖五日游·九级瀑布，九次『祈梦』

时间

泰昌元年（1620 年）旧历六月初七至六月十一，共计五天

地点

福建省莆田市仙游县钟山镇

主要人物

徐霞客

同伴

芳若叔父

相关游记

《游九鲤湖日记福建兴化府仙游县》

路线摘要

江郎山—九鲤湖—石竹山

在徐霞客好友陈函辉写的《徐霞客墓志铭》中有这样一句话："大丈夫当朝碧海而暮苍梧，乃以一隅自限耶?"意思是说人们心中的徐霞客早上游览碧海，晚上游玩苍梧山，决不甘心被束缚在一个地方。

徐霞客的游览计划几乎涵盖所有名山大川。游览过浙江和福建之后，他原本的计划是去四川峨眉山和广西桂林，陆续还可以去太华山、恒山等，但是因为他母亲年事已高，徐霞客十分惦念，不能离开家太长时间，所以这个阶段他不能选择太远的目的地。一番研究比较之后，九鲤湖成为他的下一个目的地。

徐霞客将九鲤湖与武夷山、玉华洞并称为"福建三绝"。九鲤湖以九鲤飞瀑、冰川峡谷、千年祈梦三大奇观著称，其中，祈梦文化尤为著名。

福建三绝

相传在汉代，何氏九兄弟在人间炼丹成了仙，算起来比八仙还要早一千多年。何氏兄弟成仙后乘上九鲤湖中跳出来的九条赤色大鲤鱼升天，吸引了无数后人来此处祈梦，希望自己的梦想能够被仙人听到，让自己也梦想成真。徐霞客也被这传说吸引，于泰昌元年（1620 年）端午节后第二天和芳若叔父出发，前往传说中的九鲤湖。此时正是枫亭镇一带荔枝成熟的季节。

文化小贴士

枫亭镇是北宋名臣、书法大家蔡襄的故乡，他所著的《荔枝谱》是世界上第一部果树分类学作品。枫亭荔枝因为是蔡襄故乡的特产而闻名，当地有“小暑小吃，大暑大吃”的说法。

1616—1633年，徐霞客先后五次入闽，在被称为“八闽大地”的福建留下了足迹。

一行人五月初六出发，先经过了浙江省江山县，游览了江郎山，六月初七到达兴华府。六月初八、初九两天，一行人游览九鲤湖，六月十一游览福建省福清县的石竹山。

六月初八这天，一行人攀登山岭，走上石阶。山岭深邃，太阳酷热，沿途没有一个行人，想问路都无人可问。徐霞客觉得九鲤湖的水顺着九漈（jì）向下流淌，往上爬一定有美景。

同行的芳若叔父和奴仆并不这样认为，但还是和徐霞客继续向上爬。越爬越高，路也越来越窄，芳若叔父和仆人更觉得这条路错了，寻游经验丰富的徐霞客却兴奋起来。他们经过通仙桥，看到涧水在蓬莱石的缝隙中流淌，底下的石头被冲刷得像磨刀石一样平。稍稍往下，平滑的底部出现很多坑洼，里面的圆孔被称为“灶”“臼”“樽”“井”，统统以“丹”来命名，这些都是九仙的遗迹。

平缓的涧水流到这里，突然就掉落到下方的湖中，像是成千上万匹马同时出发，场面十分壮观。这便是九漈中第一漈的景象。

平流至此，忽下堕湖中，如万马初发，诚有雷霆之势，则第一漈之奇也。

——引自《游九鲤湖日记福建兴化府仙游县》

九鲤湖就在前方。虽然它算不上十分壮阔，但在群山中出现这么一片清澈碧绿的湖水，也是难得的景观，让人不禁感叹大自然的神奇手笔。

走到第三漈的时候，徐霞客停住脚步，和芳若叔父一同返回，因为他有更重要的事情。今天晚上，他要凝神静气，休养生息，等着九仙来托梦。

晚上，徐霞客独坐在九仙祠前，抬头看着月亮静静挂在山尖，低头看着微澜的湖水。虽然已经入夏，但此时的九鲤湖并不热，一片寂静中只有潺潺的流水声，让人心情舒畅。他一边回想白日所见景致，一边在心中默默祈祷，希望九仙真的能来梦中。

第二日，徐霞客一行人离开了九仙祠，去寻找九漈。一路美景，其中，第五漈的石门很玄妙，两边的山崖在这里夹紧，只留下一线缝隙，下边的泉水十分汹涌，上边被云雾覆盖，人在中间只能像猴子一样攀爬通过。一阵阴风吹过，一行人胆战心惊，像是随时会掉下去一样。

两崖至是，壁凑仅容一线，欲合不合，欲开不开，下涌奔泉，上碍云影。人缘陟其间，如猕猿然，阴风吹之，凛凛欲堕。盖自四漈来，山深路绝，幽峭已极，惟闻泉声鸟语耳。

——引自《游九鲤湖日记福建兴化府仙游县》

一直到第九漈，水流顺着峡谷的走势展开，瀑布、小溪、清泉点缀在峡谷之中。这里有很多洞穴，徐霞客只要看到，便会穿过缝隙到里面看看，感受其中的妙趣。

走出九漈，一行人遇到了在山上种地砍柴的人。这些人看到他们从峡谷里走出来，十分惊讶。

若水之或悬或渟，或翼飞叠注，即匡庐三叠、雁宕龙湫，各以一长擅胜，未若此山微体皆具也。

——引自《游九鲤湖日记福建兴化府仙游县》

六月初十这天，一行人来到石竹山，这里是九仙祈梦的地方。当地有“春游石竹，秋游九鲤”的说法，虽然此时不是游览石竹最好的时候，但是也别有一番风味。山上奇石众多，路也曲折，偶遇的僧人送来了香气扑鼻的茶，产地就在眼前的山中。就在这杯茶的香气中，徐霞客结束了九鲤湖的祈梦之旅。

小结

九鲤湖是中国祈梦文化发源地。祈梦文化始于唐代，古人雅称“卧游”，有一整套流程，包括斋戒、洁洗、品茗、焚香、赏景、求梦、解梦、圆梦、还愿等。祈梦前需要斋戒三日，然后用九鲤湖水洗手，在九仙祠喝茶，再焚香叩拜，乞求九仙赐梦。

传说心越诚的人越容易入睡，第二天可以请祠中的人解梦。如果祈梦的人实现了愿望，还要来还愿，到九鲤湖答谢九仙。相传江南才子唐伯虎就曾向九仙祈梦，梦到“仙人赠与其一担墨锭”，从此以后文思大进，画艺大长。后来，他在苏州建了一座梦墨亭，记录这段奇妙的经历。

祈梦习俗反映了人类对自然的崇拜、对人生的探求，如今已经成为福建省省级非物质文化遗产。

第八节

嵩山七日游·「打卡」功夫少林

时间

天启三年（1623年）旧历二月十九至二十五，共计七天

地点

河南省郑州市登封市

主要人物

徐霞客

同伴

奴仆

相关游记

《游嵩山日记河南河南府登封县》

路线摘要

黄宗店—石淙河—中岳庙—卢岩寺—太室绝顶—少林寺—南寨—初祖庵—千佛殿—龙门石窟

小时候的徐霞客就立下了游遍五岳之志，要征服每座高峰，俯瞰不同的美景。这次他要去的嵩山是五岳中的中岳，共七十二峰，太室山和少室山各占三十六峰。这次行程徐霞客的计划是先游览嵩山、华山，然后去朝拜太和山。

天启三年（1623年），徐霞客刚在老家江阴过完年，便收拾好行囊，带上奴仆，朝着嵩山出发了。这是徐霞客第一次到河南嵩山一带游历，他十分期待这次冒险。二月初一，一行人从江苏省江阴市出发，行程八百多公里，耗时十九天，终于在二月十九到达河南省登封市。

二月二十，他来到嵩山东面山谷里的石淙河。河水随着地形高低起伏且曲折，遇到巨石便水石交融，变幻莫测，有的岩石像天鹅伸长脖子，有的像大雁成行飞行，有的像犀牛饮水，有的像老虎卧地……水流最大的地方有数丈宽，溪水和怪石相映成趣，令人耳目一新。

水沁入胁下，从此水石融和，绮变万端。绕水之两崖，则为鹄立，为雁行；踞中央者，则为饮兕，为卧虎。低则屿，高则台，愈高，则石之去水也愈远，乃又空其中而为窟，为洞。揆崖之隔，以寻尺计，竟水之过，以数丈计，水行其中，石峙于上，为态为色，为肤为骨，备极妍丽。不意黄茅白苇中，顿令人一洗尘目也！

——引自《游嵩山日记河南河南府登封县》

文化小贴士

石淙会饮是嵩山登封八景（嵩门待月、卢崖瀑布、箕阴避暑、少室晴雪、轩辕早行、颍水春耕、石淙会饮及玉溪垂钓）之一，石淙洞古时也被称为“水营山阵”。每逢九月初九重阳节，附近的人们便会带着酒菜来到这里，伴着山中美景畅饮。据说武则天也曾多次来到这里，大宴群臣，提笔作诗，歌舞升平，史称“石淙会饮”。

之后，徐霞客到达卢岩寺，看到泉水从空中直泻而下，犹如绸缎在半空中飞舞，细雨般的水珠洒满整个山谷。因为有奇石映衬，这里的景色甚至超过了武夷山的瀑布。

二月二十一，祭拜过嵩山之神岳帝之后，徐霞客准备向东攀登太室山。远看太室山和少室山并排而立，但是风格十分不同，少室山嶙峋，太室山雄伟独尊，像是背靠屏风的威武帝王。

徐霞客不敢贸然攀登，先找到一位当地的樵夫当向导。山路渐渐断开，十分险要，徐霞客一行人跟随樵夫，朝着绝顶攀登。路上积雪很多，山岩又不畅通，下边就是深渊。

进入一个洞中，山崖突然中断五尺，完全没有落脚的地方，樵夫像猿猴一样敏捷，侧身跳到断崖对面，取来两截树干，横在断崖上当作阁道，徐霞客这才渡过险关。

一行人终于登上太室山最高处。这里有真武庙，还有一口御井，据说是宋真宗来绝顶避暑时挖掘的。

在真武庙吃过饭，徐霞客问樵夫下山的打算，樵夫有些为难地说：“从万岁峰到山脚的大道有二十里，如果沿着西面的山沟悬空滑下去，那就可以减少一半的路程。”

徐霞客听了大喜：“那还等什么？我们就滑下去吧！”

樵夫忙说：“可是这条路十分险峻呀，本地人都有些害怕，你……”他打量着徐霞客，把心中的担忧说了出来。

徐霞客自信地说：“我之前总觉得嵩山好像缺点儿什么，显得平平无奇，现在想来就是因为不够险峻。我就要选择这条难走的路。”

樵夫看他如此坚持，只好同意他的想法。刚开始，他们还能靠着岩石走，只需要拨开沿路的草木，接着就要从狭窄的峡谷中滑行。抬头望去，两边的悬崖像是与天相连。之前山顶的雾气像雨水一样往下滴，滑下来之后，雾散了，周围的景色也渐渐浮现出来。

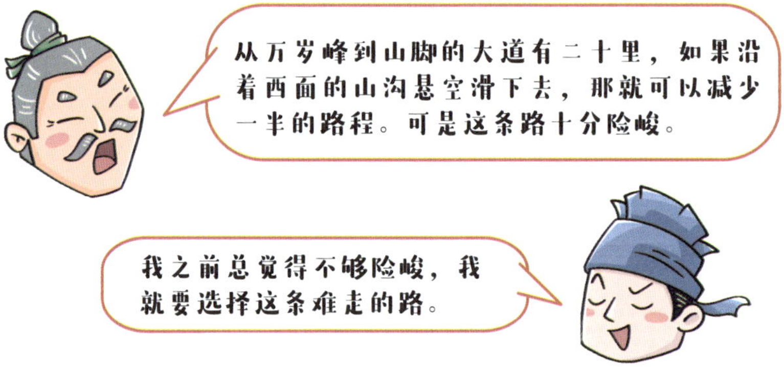

一路都是垂直的沟谷，根本没有台阶，完全没法走，更别说停留观赏，一行人只好一路前进。越往下，景色越壮观，峡谷一道接着一道，徐霞客根本不敢斜视，脚下也不敢停留，一直这样疾行了十里才出峡谷，到达平地。

到达山脚时，月亮初升，恰好照在峡谷中间的缝隙处。这就是嵩山登封八景中的“嵩门待月”。

二月二十二，徐霞客在嵩阳宫的旧址上看到了汉代的三株将军柏。将军柏郁郁葱葱，犹如碧绿色的山，大的那株有七个人围起来那么粗，中等的需要五个人，小的也需要三个人才能抱得住。

文化小贴士

元封元年（公元前110年），汉武帝看到这里的三株柏树非常高大，将其封为“大将军”“二将军”“三将军”。清代初期，“三将军”被烧，如今剩下的“大将军”“二将军”是中国最古老、最大的柏树，树龄在四千五百年以上。

二月二十二晚，徐霞客终于到达了传说中的少林寺。它坐落在少室山茂密的丛林中，“少林”的名字正是因此得来。这里不仅是禅宗的发祥地，还是中国功夫的起源地，有“禅宗祖庭，功夫圣地”的响亮称号，也被人尊称为“天下第一名刹”，是徐霞客最不能错过的地方。这一晚，他就在少林寺僧人瑞光的房中住宿。

二月二十三一早，云雾散去，徐霞客沐浴更衣，入正殿礼佛，然后准备前往南寨。南寨是少室山的最高处，高度和太室山差不多，山峦陡峭，山峰互相叠压，像是一片片舒展的莲叶，因此，一直都有“九鼎莲花”的美名。

但是，少林寺的和尚说现在大雪封路，徐霞客怕是上不去。此时，徐霞客想到之前登太室山的时候，云山雾罩，别人都说是山神在拒绝游客，但自己坚持攀爬，最终看到了雾中太室山的绝妙。万一少室山也是如此呢？徐霞客决定不放过这个机会，继续攀登。

他拄着拐杖出发了。山形越来越陡峭，像是从来没有游人到达过一般。徐霞客顺着山脊抬头向上攀登，两旁都是陡峭的岩石。他手脚并用，花光了力气，爬了七里，终于登上一座大山峰。

徐霞客脱去外衣，顺着路走，登上绝顶，南边的九座山峰就在面前，北边的屏障横在身后，东西两边就是看不到底的深坑。一阵大风吹过，把人吹得像羽毛一样，差点儿就随风而去了。

嵩山之行最后一站是伊阙山，也就是洛阳龙门石窟的所在地，这里每座山的悬崖上都雕刻了佛像。几十个大洞全都数丈高，每个里面都雕刻了佛像，就算是一尺一寸的表层，也被雕刻上了小一些的佛像，数不胜数，远远望去十分壮观。这里还有从山上流淌下来的泉水，汇聚成了方形的水池。伊阙山山前很热闹，车也多，这条离开的路是湖北、河南通往西北山系的要道，徐霞客要从这里去往西岳华山。

小结

提到嵩山，人们最先联想到的就是少林寺，但嵩山不仅有少林寺，它也是中国最古老的山脉之一，形成于三十六亿年前。经过漫长的岁月，它屹立在神秘的东方，犹如最完整的书卷，镌刻了太古宙、元古宙、古生代、中生代、新生代的地层序列，堪称“五代同堂”，世界罕见。

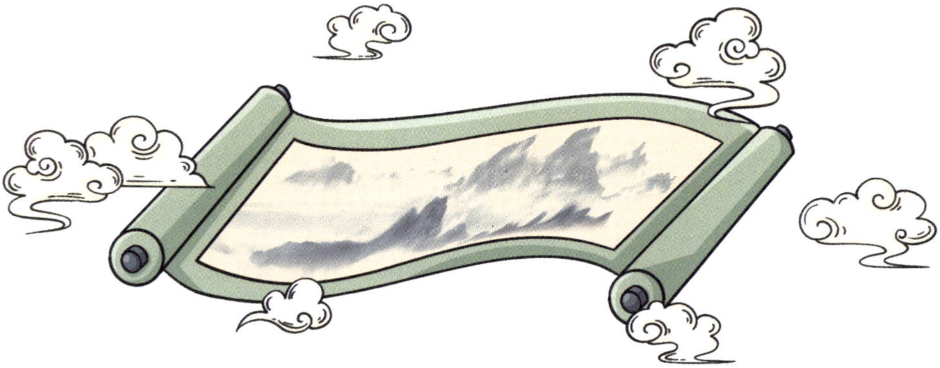

第九节

太华山十一日游·探访华夏之『根』

时间

天启三年（1623年）旧历二月二十九至三月初十，共计十一天

地点

陕西省渭南市华阴市

主要人物

徐霞客

同伴

奴仆

相关游记

《游太华山日记陕西西安府华阴县》

路线摘要

潼关—万寿阁—千尺幢—百尺峡—老君犁沟—猢狲岭—苍龙岭—仰天池—棋盘台—十方庵—泓峪—泓岭—隔凡峪—老君峪—龙驹寨—影石滩—莲滩—蜀西楼

太华山，即西岳华山，素有“奇险天下第一山”的说法。华山曾是古代帝王封禅祭祀的地方，中华之“华”便源于此，于是它还被称为“华夏之根”，是道教全真派的圣地，为“第四洞天”，有道观二十余座，出过许多道教高人。

二月最后一天，徐霞客进入潼关，正式开始了这次行程。百里之外就能看到华山的山峰高入云霄，但越靠近就越被小山遮住视线，等到抬头突然看到一座座宛如芙蓉的山峰时，徐霞客才知道自己已经站到了华山脚下。

行二十里，忽仰见芙蓉片片，已直造其下，不特三峰秀绝，而东西拥攒诸峰，俱片削层悬。

——引自《游太华山日记陕西西安府华阴县》

三月初一，徐霞客进庙拜过华山之神，从山谷朝里走，见识了千尺幢、百尺峡、老君犁沟、猢狲岭等险要景观，最后登上了最险要的苍龙岭。

千尺幢、百尺峡和老君犁沟并称华山“三大险”，分布在玉泉院到北峰的路上。

千尺幢有三百七十多个台阶，数量多，台阶窄，宽度不超过人脚掌的三分之一，山势陡峭，几乎盘旋在悬崖之上，两边挂着粗铁链让人借力，攀登时一定要聚精会神，毕竟下边就是万丈深渊。

台阶的尽头像是一个井口，有铁板可以启动和关闭，只有一点点光线可以照进来，被人们称为“太华咽喉”。

华山的险在于其连续性，一关闯过，下一关立刻到来。

过了千尺幢，徐霞客很快就来到了百尺峡。虽然百尺峡这段距离变短了，但是山势更加陡峭，山上的石头摇摇欲坠，两面都是悬崖，中间有一块大石头横着。

第三险老君犁沟有个美好的传说：相传老子修道时来到此处，看到人们开山十分辛苦，于是便在夜里乘着牛车犁出一条通道。虽然老君犁沟并不陡峭，却很幽深，有五百七十多个石阶。人们走在里面感觉看不到出口。

猢狲岭在老君犁沟的尽头，也在悬崖峭壁上。相传，之前华山水帘洞里出来的猿猴来到此处也犯了难，无法通过，只好返回。

越过猢狲岭，徐霞客来到苍龙岭。苍龙岭是登华山最危险的一段，位于救苦台南、五云峰下，因黑色的苍山和悬龙般险峻的地势得名，是一条狭窄细长的山脊，最狭窄的地方犹如薄薄的刀刃，两边都是千尺深的峡谷，人们需要牵住铁链才能前进。游客走在此处，难免心惊肉跳。

文化小贴士

韩愈投书苍龙岭的故事就发生在这里。当时韩愈被贬，心情不好，遇到侄子韩湘子和华山修道士吕洞宾，他们劝韩愈去华山散散心。一路上，韩愈边走边感叹沿途的美景，可是到了苍龙岭，却被眼前的景象吓得目瞪口呆。唐朝时，这里没有石阶和护栏，只有山脊上的几个石窝供人踩。看前边的人手脚并用攀上爬下，韩愈双腿发颤，冷汗直流。为了减轻负担，他把身上带的所有书籍都丢到岭下，可还是不敢走，放声大哭。最后，他掏出笔墨纸砚，写了一封求助信扔到山下，后来有采药人看到信去报官，才派人将他救下。

三月初二这天，徐霞客爬到了华山海拔最高的地方，也就是南峰北麓的顶端，那里有一个小洞。道士告诉他这里就是仰天池。相传，太上老君经常来这里提水炼制金丹，冬夏不竭。因此，仰天池也被人称为“太上泉”。

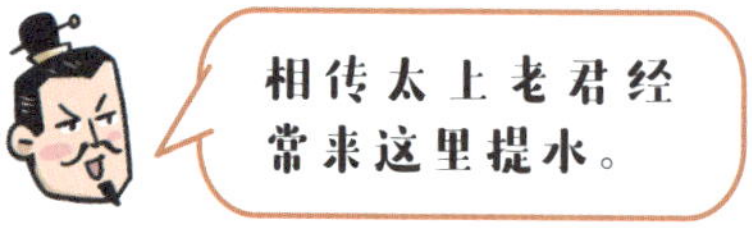

两崖参天而起，夹立甚隘，水奔流其间。循涧南行，倏而东折，倏而西转。盖山壁片削，俱犬牙错入，行从牙罅中，宛转如江行调舱然。

——引自《游太华山日记陕西西安府华阴县》

此次华山一游，徐霞客的游记风格和之前略有不同，不仅记录了他游遍华山东（朝阳峰）、西（莲花峰）、南（落雁峰）、北（云台峰、白云峰）、中（玉女峰）五峰的经历，还记录了他在陕西省内的整个行程；不再局限于对景色的记录描写，还记录了陕西东南部的人文景观，包括水陆交通、水道源流等，成为后世了解当时社会形态的重要根据。

比如，三月初七这天，徐霞客一行人来到龙驹寨。他在游记中记录，在去陕西的小路上，往来的骡马、商人和货物一点儿也不比潼关大道的少。溪流中的板船可以承受五石（dàn）的重量，是当地人出行的重要工具。

三月初九，经过龙关后，他看到奔腾的河水推动着航船，两岸的桃花、李花粉白相间，不禁想要起舞。船家用带的盐在这里交换柴火和竹枝。这就是当地人的生活方式。

这一路并不是一直风平浪静的。浪大的时候，水会进入船舱，把徐霞客带的行李箱子全部打湿。三月初十这天，徐霞客一行人到达陕西、河南两省的交界处，再往前行驶，离下一站太和山就不远了，华山之行到此正式结束。

小结

华山的主峰就像一朵巨大的莲花直插蓝天。虽然它以奇险天下闻名，但此时的徐霞客已经见识了太多的险峰，游记没有描写他起伏的情绪。除了文中记录的那些险关，如今的华山还有长空栈道、鹞子翻身等险境，征服华山已经成为勇气的象征。

第十节

太和山五日游·过几天『仙暇』日子

时间

天启三年（1623年）旧历三月十一至三月十五，共计五天

地点

湖北省十堰市丹江口市

主要人物

徐霞客

同伴

奴仆

相关游记

《游太和山日记湖广襄阳府均州》

路线摘要

仙猿岭—静乐宫—遇真宫—紫霄宫—金顶—琼台观—南岩—五龙宫

才出陕西，便到湖北。徐霞客刚结束华山之行，便来到了太和山，也就是武当山。相传真武大帝曾在此处修炼。

徐霞客欣赏了“七十二峰接天青，二十四涧水长鸣”的美景，并将当地的榔梅果带回老家江阴，为母亲祝寿。

三月十一，徐霞客登上仙猿岭，前行十多里，来到郧县和淅川县中间的小路，这里是两县分界处，连续翻山越岭，沿途都是桃李争春的景象。山坞之中的茅草屋和稻田像鱼鳞一样整齐分布，和山西、陕西的景象完全不同。这里的路很窄，行人也少，听说偶有老虎伤人的事情。

徐霞客一行人把行李放在山下，骑马前往太和山，首先看到的就是一座大石碑，上边写着“第一山”三个大字。这三个字出自北宋书法家米芾之手，飞扬灵动，称得上天下第一。

文化小贴士

“第一山”三个字堪称米芾的代表作之一，但现在很多山都有米芾“第一山”的题字，如山东泰山、河南嵩山、江西庐山、陕西终南山等。后相关部门组织专家团队实地考察，因为米芾曾在武当山脚下生活过很长时间，还有“米襄阳”“襄阳居士”等称号，而离襄阳最近的就是武当山，所以专家团队认为米芾在武当山题字的可能性最大。后来，它成为武当山的招牌。米芾当年是在朝阳洞题的字，但现在这块石碑立在武当山脚下的玉虚宫。

紫霄宫正对着禹迹池，平台层叠，宫殿高大宽敞，气势非凡。附近的榔仙祠前有一棵特别高大的榔梅树，没有树皮，表面十分光滑，也没有萌生的新芽，吸引了徐霞客的注意。

文化小贴士

武当山的榔梅果在明代非常出名，这和真武大帝的一个传说有关。相传当年榔树和梅树是武当山两种树，真武大帝修炼的时候，途经此处乌鸦岭，看到梅树开花，阵阵清香，便折下一根梅树上的枝，插在了榔树上，说：“吾道若成，花开结果。”

文化小贴士

后来，真武大帝就在附近修行。随着时间推移，插在榔树上的梅枝日渐茂盛，待他修行成功时，那根梅枝上已经开始结果子了，人们称这两种果树结合的果子为“榔梅果”。

榔梅果甘甜可口，还有神奇的功效，能治病、长寿，李时珍《本草纲目》中写有：“榔梅，只出均州太和山。”明朝永乐年间，武当山道士李素希将榔梅进贡给皇上，得到了恩赐。皇上还在这里修建了榔梅祠，下旨将榔梅作为“预知年景”的贡品，普通人不能随意采摘。

黄昏时刻，筋疲力尽的徐霞客终于登上了金顶天柱峰。它因山上有金殿而得名，是我国古建筑中的珍品，山顶上的许多山峰外形酷似倒立的钟鼎，而天柱峰立在天地之间，犹如一根宝柱一样从群峰中脱颖而出，四周十分陡峭。顶峰之上有一块平地，金殿就在那里，其中供奉着真武大帝和四员天将，殿内的香炉、几案、神像、供器都是铜铸鎏金。

山顶众峰，皆如覆钟峙鼎，离离攒立；天柱中悬，独出众峰之表，四旁崭绝。峰顶平处，纵横止及寻丈。金殿峙其上，中奉玄帝及四将，炉案俱具，悉以金为之。督以一千户、一提点，需索香金，不啻御夺。

——引自《游太和山日记湖广襄阳府均州》

三月十四，徐霞客换好衣服再次登上金顶，游览叩拜后沿着小路向下走，到了上琼台观。这里也有榔梅树，有一人围抱那么粗，枝繁叶茂，开满了花。徐霞客越看越喜欢，越喜欢就越好奇。他找到观中的道士问道：“不知这榔梅果能不能送我几枚呢？”道士忙摆手，闭口不语。

徐霞客态度友好地又追问了一遍，道士半天才开口：“这是贡果，是禁物，之前有人带回三四枚，很多道士都被牵连，连家中的亲人都没能幸免。”

徐霞客不信，跟在身后，言辞恳切，道士只好取出几枚送给他。尽管这几枚榔梅果已经变黑腐烂了，但道士依然叮嘱了好几遍，让他千万不要告诉别人。后来，徐霞客来到中琼台观，又向这里的道士索要。观主委婉拒绝，说是没有。

徐霞客只好作罢，沿着原路走。走出一段后，他突然听到后边有人叫他，于是停下了脚步，看到叫他的是中琼台观的小道士。小道士说观主让徐霞客回道观一下，他一听心中狂喜，又怕愿望落空，便马不停蹄地赶回中琼台观。

观主握住徐霞客的手说：“您想要的珍贵果实幸好还有两

枚，可以稍稍满足您的愿望，但是这件事一定要保密，如果泄露出去，我们立刻就会被定罪。”

徐霞客看着手中的两枚榔梅果，形状和金橘相似，外表渗出蜜一样的汁液，金色的外皮，玉一样的质地。这贡果果然和凡物不同。徐霞客再三谢过观主，小心收好之后，心满意足地离开了道观。

之后，徐霞客到了武当山三十六岩中最美的南岩，也叫紫霄岩，因面朝南方得名，是武当山人文景观和自然景观最完美的结合体，天柱峰就在它的对面。相传八仙之一的吕洞宾就在此处修行，此处也是真武大帝得道成仙的圣境。

看完最美的南岩，晚上回到观中，徐霞客用钱财收买了一个小道士，又获得了六枚榔梅果。等到他第二天再打听的时候，榔梅果已经没有了。

又游览了几处武当山的美景后，徐霞客下了山，结束了此次行程，但是游记并没有到这里结束。他在游记最后，比较了游览过的几座名山。

华山四周都是石壁，所以山麓没有高大奇异的树木；峰顶有很多三人才能围抱的松柏，松子鲜嫩清香。

太和山四面被群山环抱，到处都是茂密的深林，树荫遮天蔽日，山下几十里内有三人围抱的奇异的杉树和苍老的柏树。

嵩山、少室山之间的树木已经被砍得所剩无几，只有三棵将军柏屹立着。

徐霞客又说到地势。从嵩山、少室山走出来后，可以看到青青的麦田；到陕州时，杏花刚开，柳树抽枝。到了潼关大路，路变得平坦，大树高低不齐。泓峪的沟里都是冰冻的积雪，一点儿春天的影子都没有。各地因为山峰、峡谷、河流分布的不同，所以有着完全不同的风景。

想到这里，徐霞客突然想到已经到了清明时节，家中还有等待他回家的亲人，于是启程，经过了二十四天，终于在浴佛节后的第二天，带着好不容易得来的榔梅果到了家，为母亲祝寿。

小结

武当山是我国道教圣地，被明代皇帝封为“大岳”，也是武当武术的发源地。元末明初，张三丰在这里开创武当派。“亘古无双胜境，天下第一仙山”说的便是武当山。

第十一节

五台山五日游·『打卡』古长城

时间

崇祯六年（1633年）八月初四至八月初八，共计五天

地点

山西省忻州市五台县

主要人物

徐霞客

同伴

奴仆

相关游记

《游五台山日记山西太原府五台县》

路线摘要

龙泉关—南台—清凉寺—西台—八功德水—万佛阁—龙翻石—北台—悬空寺

崇祯六年（1633年）夏天，徐霞客再次出发，目的地是距离北京三百多公里的山西五台山。五台山北台顶是华北地区的最高峰。五台山被称为“清凉山”，很多人都选择在一年中最热的时候前去感受那里难得的清凉。

五台山之所以叫五台山，是因为它有五座高峰，峰顶平坦宽阔，犹如台面一般。东台望海峰，南台锦绣峰，西台挂月峰，北台叶斗峰，中台翠岩峰，环抱在一起，九月积雪，四月解冻，炎夏无夏，清爽宜人。

徐霞客从北京出发，途经保定，八月初四过阜平县，初五正式进入山西境内。

从龙泉关出来，很快就没了路。两边的山崖都很陡峭，层层叠叠，树木和岩石交错。登上长城岭，附近的千佛洞是登五台山的小路。八月初六这天，狂风大作，犹如鬼哭狼嚎一般，气温骤降，滴水成冰。等到大风停歇之后，火球一样的太阳从翠绿的树丛中喷薄而出，与刚刚的天气截然不同，真是神奇。

这天，徐霞客登上了南台绝顶，这里有文殊菩萨的舍利塔。在从南台下来的路上，徐霞客来到了清凉寺。

寺庙十分幽深，环境秀丽，与周围的环境很好地融合在一起，犹如一幅画。清凉寺里有一清凉石，传说文殊菩萨曾在清凉石上讲经说法，因此也被称为“曼殊床”。

寺宇幽丽，高下如图画。有石为芝形，纵横各九步，上可立四百人，面平而下锐，属于下石者无几。

——引自《游五台山日记山西太原府五台县》

文化小贴士

有一则关于清凉石的传说。当年五台山气候炎热，久旱少雨，文殊菩萨看到这里的老百姓饱受煎熬，所以化身为一个和尚，来到东海龙宫借宝。龙王带他看遍了龙宫里的稀罕宝贝，但他都不要，只挑中了宫外一块名为“歇龙石”的大石头。这块石头本来是龙王太子休息的地方，每次龙王太子觉得热的时候，就去上面躺一会儿，很快就能凉爽下来。他十分喜欢这块歇龙石。

文化小贴士

龙王并不想把这块石头借给和尚，但又想到这石头又大又重，一个小和尚怎么可能搬走，便假装同意，等着看和尚出丑。他没想到，和尚是文殊菩萨化身而成的，他只轻轻一点，那巨石就骤然变小，直接被装进了口袋，随着和尚离开了龙宫。

回到五台山，文殊菩萨便把歇龙石安置在了山中，五台山瞬间清凉下来。原本干旱的土地瞬间长出鲜花绿草，干涸许久的山泉也流淌出泉水，人们便把这块石头称为“清凉石”，五台山也从此不再炎热。

八月初七，徐霞客登上了西台顶，阳光下的群峰格外壮丽，有着独特的姿态风貌。下山之后，他来到了八功德水。相传八功德水不断流出并结成冰，到盛夏才会消融。

文化小贴士

按照佛教说法，八功德水在全世界只有两处。一处在印度，另一处就在五台山上西来寺内，有消灾增慧的作用。

八功德水北面是维摩阁。阁楼下方有两块大石头，柱子因为石头的高低不同而长短不同，有的地方甚至没有。寺院中间是万佛阁，佛像都是用檀香木打造的，金碧辉煌，层层排列，数量不止一万。附近的阁楼都有三层高，而且楼与楼中间还有上下通道，有人在其中行走。眼前的建筑让徐霞客大为震惊，他很难想象，在高山之中，谁会有如此神力在这上边建造阁楼呢？

寺北面，左为维摩阁，阁下二石耸起，阁架于上，阁柱长短，随石参差，有竟不用柱者。其中为万佛阁，佛俱金碧旃檀，罗列辉映，不啻万尊。前有阁二重，俱三层，其周庐环阁亦三层，中架复道，往来空中。当此万山艰阻，非神力不能运此。

——引自《游五台山日记山西太原府五台县》

之后，他来到了翠岩峰上的龙翻石。上万块乱石在这里堆积成了山峰。传说此处是文殊菩萨放光显身的地方。

文化小贴士

五台山上到处都散落着巨大的龙翻石。根据相关研究，这些龙翻石是由冰冻裂解作用形成的。五台山台顶的年平均温度为零下四摄氏度，在经过亿万次冰冻后，逐渐解体成为龙翻石，铺得漫山遍野。龙翻石在地质学上也被称为“石海”。

八月初八，徐霞客留宿的北台寺庙的僧人送他出门，指着远处的山峰说，那座特别尖锐的青山就是恒山，与云雾相连的就是雁门关，而恒山正是徐霞客下一站要去的地方。

僧人给徐霞客提出建议，让他少走了四十里路。这条路经过悬空寺。悬空寺两侧有屏障般的峭壁，有层层楼阁突起，十分奇特。如果没有听僧人的建议，那徐霞客就错过了这一路的神奇景色。

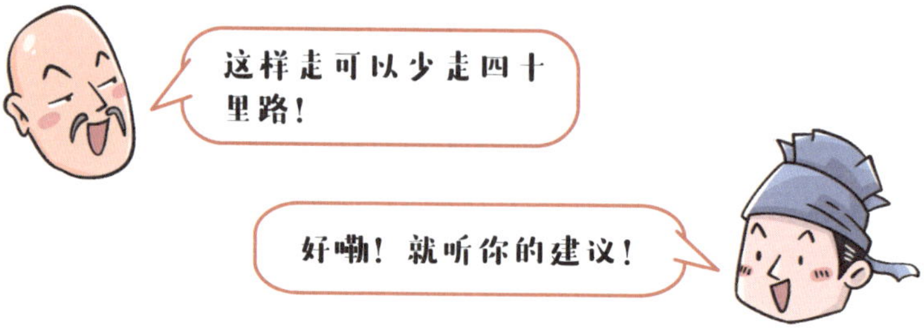

小结

五台山和四川峨眉山、安徽九华山、浙江普陀山共称“中国佛教四大名山”，相传五台山是文殊菩萨道场。当年印度高僧摄摩腾和竺法兰来到这里，看到五台山和印度的灵鹫山十分相似，便认定五台山和佛教有缘，于是有了五台山第一座寺庙——显通寺（大孚灵鹫寺）。到现在，五台山不仅拥有全世界最庞大的佛教古建筑群，也是中国唯一的青庙（青衣僧）、黄庙（黄衣僧）交相辉映的佛教道场。

第十二节

恒山三日游·不好走的路才是上坡路

时间

崇祯六年（1633年）旧历八月初九至八月十一，共计三天

地点

山西省大同市浑源县

主要人物

徐霞客

同伴

奴仆

相关游记

《游恒山日记山西大同府浑源州》

路线摘要

沙河—箭筸岭—龙山—悬空寺—恒山—绝顶

离开五台山，徐霞客前往恒山。恒山古称“紫岳”，是五岳中的北岳。徐霞客向往恒山已久，他对好友王思任说过：“予所憾者浑源之北岳，桂林之千笋，未曾置足焉。”他的朋友都知道他有登上恒山的愿望，如今也算得偿所愿。

文化小贴士

实际上，最初的北岳并不是指山西境内的这座玄岳山，而是指如今河北省保定市的大茂山，这个说法从春秋战国时期一直持续到明代中期。弘治年间，有大臣请求将北岳改在山西省浑源县，据记载原因颇多，古北岳的标志性建筑在战火中被损坏，祭祀也不在北岳山上，而且按照地理位置来说，古北岳并不在都城北京的北边。因此，万历年间，朝廷决定将山西省浑源县的玄岳山改为北岳。顺治帝明确了这一点，最终定其为“北岳恒山”。

从五台山的北台离开，山谷逐渐开阔起来。陪伴徐霞客一路的溪水，在他走出南山的时候分开。徐霞客一直赶路，路过了小石口、北路口，开阔的平地再次变成山坞，意味着恒山就快到了。

八月初十这天，徐霞客到达箭竿（gān）岭。徐霞客一路跋山涉水，在山谷里盘旋前进，之前经过的地方都是土堆和荒山，地势突然升高，山岭也随之高大起来，只是岭南依旧荒凉。

随着游览经验的丰富，徐霞客关注的内容也发生了一些细微的变化。除了记录游览时的景观，他还会观察不同地方的地势特点、植被分布，让游记内容更加丰富，地质学内容更多。

他翻越到山岭北侧，俯瞰东西两边的景象，看到了与岭南的荒芜截然不同的景象。眼前山峰此起彼伏，连绵不绝，悬崖峭壁崩塌，树的绿和花的红交相辉映；岩石盘绕，上边都长着树。他还关注到了这里的岩石色彩一致，但是自然形态和纹理十分奇妙；树木的颜色不太一样，交错在不同的山石上，形成一段彩色的锦缎。

岩石上的树很高大，多数都斜着嵌在岩石上，以斑斓的色彩覆盖着，十分奇丽。这些树或者平躺，或者盘着倒挂，因为岩石起伏，姿态显得十分典雅。

自沙河登山涉涧，盘旋山谷，所值皆土魁荒阜；不意至此而忽跻穹窿，然岭南犹复阿蒙也。一逾岭北，瞰东西峰连壁陨，翠蜚丹流。其盘空环映者，皆石也，而石又皆树；石之色一也，而神理又各分妍；树之色不一也，而错综又成合锦。石得树而嵯峨倾嵌者，幕以藻绘而愈奇；树得石而平铺倒蟠者，缘以突兀而尤古。

——引自《游恒山日记山西大同府浑源州》

徐霞客在这幅由树木、岩石组成的画卷中行走了五十里，才下到土山脚下，在这里遇到了涓涓的泉水。他跟随泉水前行，来到了龙峪口。远看龙峪口的东边，山势十分陡峭，经过询问，他才知那里竟是龙山。

徐霞客在旧书中看到过龙山的名字，知其隶属山西省。如今来到这里，他才知道龙山是和恒山并肩而立的。从这里远观龙山的风貌，算得上此次恒山之行的意外收获。

站在恒山下，两旁崖壁耸立，一条溪水从中间流过，像在峡谷中行走一般，前路狭窄到好像无路可走，溪水弯曲，悬崖起伏，景象深邃。看到眼前的景象，徐霞客想到之前看到的伊阙山相对的双峰，还有武夷山的九曲溪，这些似乎都不能与眼前的景象比肩。

恒山也有悬空寺，与徐霞客在五台山看到的悬空寺比起来要壮观很多。崖壁半山腰层层叠叠的楼阁随着山势曲折，高处的屋子斜靠在山崖上，看上去像海市蜃楼一般，堪比仙境。徐霞客抬头观看，鼓足勇气独自向上攀登，进悬空寺后看到楼阁高低错落，围着栏杆的路弯弯曲曲。在陡峭悬崖的映衬下，足以称得上天下奇观。

更可贵的是，寺里僧人居住的房屋全都窗明几净，卧榻温暖舒适，让小小的房间显得庄严肃穆。房子依靠悬崖建造，还能不受岩石的限制，恐怕只有恒山的悬空寺做得到。

西崖之半，层楼高悬，曲榭斜倚，望之如蜃吐重台者，悬空寺也。五台北壑亦有悬空寺，拟此未能具体。仰之神飞，鼓勇独登。入则楼阁高下，槛路屈曲。崖既矗削，为天下巨观，而寺之点缀，兼能尽胜。依岩结构，而不为岩石累者，仅此。

——引自《游恒山日记山西大同府浑源州》

文化小贴士

悬空寺原名“玄空阁”，始建于北魏后期，距今一千五百多年，至今依然安然无恙，总长约三十二米，楼阁四十余间，内有铜、铁、石、泥佛像大小共八十余尊，融合了道、儒、佛三教。

八月十一，徐霞客正式登上恒山。他拄着拐杖登恒山，朝东向上走，走过三重山脉，来到山的北面。这里都是煤炭，不用深挖就能看到，土石都是赤红色的。

徐霞客途经一个断崖处，中间垂下千尺高，沿途杂草丛生。这条路真不是个好选择，却是登顶的小路。徐霞客脱掉外衣，攀扯着杂草向上爬，就这样前进了二里，依然离绝顶很远。漫山都是矮小的树，许多干枯的枝条伸出来，勾住衣服，划伤脖颈。力度稍微大一点儿，枝条就会折断。徐霞客觉得自己陷入了汹涌的浪涛中，只能听到汩汩的流水声，却无法从困境中逃脱。

他咬紧牙关，继续坚持，终于走完了这段荆棘之路，登上了北岳绝顶。

站在高处，看恒山的北边，悬崖下陷，石头山上树木杂草丛生，而脚下的山是土山，并没有树，又是截然不同的景象。恒山果然神奇，真是不虚此行。

上山的路太艰辛，下山可愁坏了徐霞客，他真的不想重走刚刚那段路。这时，他看到一个人轻快地走在山间，便向此人问路。那人指着一片松柏林，说那里有一条小路。之前徐霞客从远处看，以为那里的松柏和蒜叶草茎一样细小，走到近前才发现竟然都有一人围抱那么粗。徐霞客沿着小路轻松下了山，离开恒山，到达浑源州西关外，恒山之行到此结束。

小结

《游恒山日记山西大同府浑源州》可以称得上徐霞客的辉煌之作，记录了恒山山脉河流的走向、资源分布和植被特点，为研究当地的地貌、气候提供了宝贵的资料。如今的悬空寺为徐霞客修建了“霞客亭”，以此纪念他的此次行程。

笑翻了的古书盒子

《徐霞客游记》可以这样读

探索贡献卷

〔明〕徐霞客 原著
绘时光 编、绘

中国经济出版社
CHINA ECONOMIC PUBLISHING HOUSE
·北京·

图书在版编目（CIP）数据

《徐霞客游记》可以这样读. 探索贡献卷 /（明）徐霞客原著 ; 绘时光编、绘. -- 北京 : 中国经济出版社, 2024. 12. --（笑翻了的古书盒子）. -- ISBN 978-7-5136-7839-1

Ⅰ. K928.9-49

中国国家版本馆CIP数据核字第2024K1D480号

策划编辑 龚风光　杨 祎
责任编辑 王 絮　杨 祎
特约策划 梁 策
特约编辑 杨 娟
责任印制 马小宾
封面设计 何 何

出版发行 中国经济出版社
印 刷 者 永清县晔盛亚胶印有限公司
经 销 者 各地新华书店
开　　本 710mm×1000mm　1/16
印　　张 6.75
字　　数 72千字
版　　次 2024年12月第1版
印　　次 2024年12月第1次
定　　价 118.00元（全三册）
广告经营许可证　京西工商广字第 8179 号

中国经济出版社 网址 www.economyph.com 社址 北京市东城区安定门外大街58号 邮编 100011

本版图书如存在印装质量问题，请与本社销售中心联系调换（联系电话：010-57512564）

目录

第一节 岩溶地貌

时间

崇祯十年（1637年）至崇祯十二年（1639年）

地点

贵州省、云南省、广西壮族自治区

主要人物

徐霞客

相关游记

《滇游日记》《粤西游日记》

路线摘要

贵州兴义—云南—贵州兴义—广西桂林—融水—扶绥—三里洋渡—佛子岭—阳朔—玉林

贵州万峰林

徐霞客被称为中国的“游圣”，也被称为“千古奇人”，清初学者潘耒在为《徐霞客游记》撰写的序言中写过这么一段话：“‘张骞、甘英之历西域，通属国也；玄奘之游竺国，求梵典也；都实之至吐蕃西鄙，穷河源也；霞客果何所为？’夫惟无所为而为，故专志；专志，故行独；行独，故去来自如，无所不达意。”

也许，许多人不明白徐霞客一生周游天下的目的，张骞、甘英出行是去汉王朝的附属国，玄奘去天竺是为了求取真经，元朝都实去吐蕃是为了寻找大河的源头。潘耒非常清楚徐霞客真实的想法——一生只专注于自己的志向，只想去寻找他渴望了解的一切。

“朝碧海而暮苍梧”，徐霞客大半辈子时间都在路上。如果单把他的游记当作文学作品来读，未免过于浅显，因为实际上徐霞客是一位地理学家、旅行家、文学家。他不仅仅在地质学方面取得了超越前人的伟大成就，更是人类科学考察地质地貌方向的先驱。三十年间，他走遍了二十一个省、自治区、直辖市，一百多个城市，探寻过三百七十六个溶洞，记录了上千座桥。

徐霞客在考察过程中发现，岩洞是由水冲刷侵蚀而成的，于是，他深入考察了这一类型地貌的成因、特征和分布，确定洞中的钟乳石是由钙含量高的水滴蒸发凝聚而成的。

经过研究分析，外国学者认为徐霞客关于岩溶地貌的考察比欧洲早二百多年，他们称“徐霞客是早期真正的喀斯特学家和洞穴学家”，更有人称赞其是“近代岩溶地貌之父”“最卓越的地理地质学奠基者”。

岩溶地貌也叫喀斯特地貌，是可溶性岩石在地下水和地表水内外作用下形成的特殊地貌。我国喀斯特地貌分布很广，多存在于西南地区。桂林山水、云南石林、四川九寨沟、黄果树瀑布等，都属于这一地貌类型。

文化小贴士

徐霞客在游记中创造了两个基本概念——峰丛、峰林，是指岩溶地区高低不等的谷地、洼地之间基部彼此相连的、多以锥状为主的丛聚石峰。由洼地、漏斗、落水洞发育而形成的峰丛洼地或者峰丛漏斗的组合形态，气势磅礴，观赏性极高。

1637—1639年，徐霞客详细考察了我国西南地区的岩溶地貌，如贵州省兴义市东南部的万峰林。它不仅是国内最大、最具典型性的喀斯特峰林，也是中国最美的五大峰林之一。

“天下山峰何其多，唯有此处峰成林。”万峰林南与广西相交，北接乌蒙山主峰，两千多平方公里的面积，气势磅礴，是中国锥状喀斯特博物馆。

根据不同的形态，万峰林分为列阵峰林、宝剑峰林、群龙峰林、罗汉峰林、叠帽峰林等五种类型，各具特色，组成了浩瀚壮美的独特景观。峰、龙、坑、缝、林、湖、泉、洞八景分布各处，徐霞客评价其“磅礴数千里，为西南奇胜”。

徐霞客第一次到贵州是崇祯十一年（1638年）三月二十七，停留了四十二天，后去往云南。同年八月二十四，又从云南罗平回贵州兴义，停留五天。他对万峰林的考察便是在这五天内完成的，并记录在《滇游日记》的开篇部分。

徐霞客在寻找黄草坝的路上看到了一处美景。他在起伏的峡谷中行走，经过悬空的石头，穿过倾斜的悬崖，又沿着狭窄的石峰攀登，从石头的底部向北面眺望，断崖像是从中间被切开一样，只能看到一线天，两边耸起的石崖有千丈高，丛林环抱，云飞雾绕，瀑布飞溅，真是既险要又幽深的绝美景观。

路乃转北而下，历悬石，披仄崿，下抵石底，践流稍南，复攀石隙，上跻东崖。由石底北望，断崖中剖，对夹如一线，并起各千仞，丛翠披云，飞流溅沫，真幽险之极观，逼仄之异境也。

——引自《滇游日记》

八月二十九，徐霞客走进山坞，停下来四处展望，看到大山坞朝南敞开，周围群山林立，有的山峰像是在朝拜，有的山峰像是在拱手，高高矮矮，参差不齐。雄伟的山脉一半被浓密的云气覆盖，山峰时隐时现。

又走了一段，山峰的峭壁变得像刀削一样，每块岩石都不相同。路的两旁不时会出现大坑洼，还有弯弯曲曲的峡谷。徐霞客在山坞中发现了一个大坑，坑的中间像是深井一样陷进去，水从这里流去别的地方。

山坞到处可见茂盛的庄稼，还有依山而建的房子。这里的路绕来绕去，徐霞客来来回回往返了四次，结果路越走越窄，好不容易在远处的山上看到一个放牧的人，想去问路，中间却隔着山峰和沟壑，很难走过去。

正在他为难怎么走的时候，他看到三个砍柴的人走过来。他们告知徐霞客走错了路。无奈之下，徐霞客一行人只能继续赶路。山麓上全是盘根错节的野草，他们横穿山坞往外走，看到巨大的山岭陡峭地立在那里，中间盘着一道沟壑，环绕成圆形，重重叠叠地聚合在山麓上，四周的群山看起来如莲花一般。

三百多年后，《中国国家地理》杂志将徐霞客称为“峰林学说第一人”，也将兴义万峰林评选为“中国最美峰林”。海拔两千多米的万峰林占兴义面积的三分之二，峰林层叠交错。登上观峰台，人们便可以将景色尽收眼底。

一路走来，徐霞客经过广西、贵州、云南三地。看过不同的地质地貌后，他进行了综合比较。

其麓复开大坞西去。坞虽大，皆荒茅盘错，绝无禾塍人烟。于是随山麓西行，三里，坞直西去，路西南截坞行。坞南北界，巨岭森削，中环一壑，圆匝合沓，令人有四面芙蓉之想。

——引自《滇游日记》

广西西部的山，有的完全是石头山峰，有的则是土和石头相间，各自分开排列，山峰独立挺拔，不混在一起。云南的山都是层层环绕的土峰，部分有石头峰点缀其中，但也只有十分之一二，山中有很多环形水洼。贵州的山介于前两者之间，唯独以陡峭、高耸称奇。云南的山土比较多，经常坍塌下来将溪流堵塞，形成一些浑浊的湖泊（抚仙湖最清澈）。广西的山只有石头，河流都是从洞穴里流出来的，清澈见底。贵州的河流清澈程度则介于两者之间。

粤西之山，有纯石者，有间石者，各自分行独挺，不相混杂。滇南之山，皆土峰缭绕，间有缀石，亦十不一二，故环洼为多。黔南之山，则界于二者之间，独以逼耸见奇。滇山惟多土，故多壅流成海，而流多浑浊。惟抚仙湖最清。粤山惟石，故多穿穴之流，而水悉澄清。而黔流亦界于二者之间。

——引自《滇游日记》

粤西地区岩溶地貌

岩溶峰林地貌是湿润热带、亚热带的典型喀斯特地貌景观，在我国广西桂林地区最为典型。那里存在很多地下河、溶洞，整体由峰丛、洼地、峰林谷地、孤峰平原几部分组成。

广西素有“无山不洞，无洞不奇”的美名，境内有许多著名的喀斯特地貌，如桂林至阳朔的百里漓江、阳朔的岩溶孤峰平原等。徐霞客在《粤西游日记》中详细记载了他到访的几处洞穴。

七星岩位于广西桂林，隋唐时期叫“栖霞洞”，现在位于桂林七星公园内，原本是一段地下河，已有百万年的历史。徐霞客从北口进入，经过獭子潭、红毡、白毡等处，往南一直穿到曾公岩，出洞后换了一个向导，换个路线折返，感受春三洞、含仙岩、朝云岩的景色。这些都是典型的喀斯特地貌洞穴。

由地下河形成的岩洞一般有两种地形，一种是岩洞的侵蚀地形，如现在的银河鹊桥，空间巨大，看起来犹如穹顶；另一种是岩洞堆积地形，就是徐霞客游记中多次提到的钟乳石、石笋、石柱、石幔、流石坝等，它们由沉积物日积月累而成，形态各异，像是雄伟壮观的地下长廊。

徐霞客与静闻和尚、顾仆一同游览了七星岩，刚一进洞中就看到许多排列的石笋和悬垂的石柱，上洞宽敞开阔，洞顶有裂缝，有形似鲤鱼的石头，还有蟠龙状的伞盖，颜色各异，十分绚烂。

更深处的石壁有很多裂缝，像是花纹一样交错在一起。石门一样的石柱缝隙只能容许一个人通过，洞内还有深不见底的獭子潭，据说能通向大海。但是，徐霞客觉得这个说法不一定可信。

人们的想象力十分丰富，给里面的石头都取了名字，有的很有玄机，如“花瓶插竹”“弈棋”“八仙”；有的十分直观，干脆就叫“馒头”。洞内还有善财童子、观音菩萨等神像。

这种溶洞有时会聚集出现。徐霞客在七星岩旁边又进一洞，里面的石头也很奇特，像舞球的狮子、卷鼻子的大象、长脖子的骆驼。曾公岩上下都是岩洞，数也数不清。

徐霞客沿着七星山南麓一连进了三个洞，感受不同的神奇。有的石头如下垂的肺叶，有的像倒卷的神龙，有的如人站立，有的如兽蹲着。洞穴层层叠叠，四通八达，玉一样的石柱悬在空中，珍珠一般的泉水不时滴下来一滴。洞内还保存了许多摩崖石刻。

对于如此精彩的岩溶景观，徐霞客觉得走马观花地游览一次并不尽兴。隔了一段时间，他再次回到七星岩。这次，他反复地勘察，仔细地研究，得出这样的结论：七星山西面有五个洞，东南面有五个洞，北面也有五个洞，所以“一山凡得十五洞云”。1953年9月，中国科学院地理研究所对桂林七星岩进行实地勘测，证实《徐霞客游记》中对十五个岩洞分布情况、结构特征的描述都是正确的，堪称岩洞学研究先驱。

有一处溶洞名为“老君洞”，位于广西融水县城南，也叫“真仙岩”。洞内的钟乳石凝聚成了七米多的老君像，白发银须，十分逼真，老君洞因此而得名。

另有一洞——读学岩，洞内明朗，玲珑精巧。通道层层深入，下垂的莲花和倒立的石柱像钩子样相连。徐霞客觉得这里可以居住，也可以小憩。

崇左独特的喀斯特地貌形成了天然的奇峰怪石。徐霞客乘船经过新宁州（今扶绥县），那些峰林就在两岸树立，怪石嶙峋，犹如在画中行船。江流冲击山石，将山冲成了峭壁，岩石凸出，有的立在水面之上，有的在水里，全是层层裂开的洞穴沟壑，表面的石痕犹如薄纱的纹路。

盖江流击山，山削成壁，流回沙转，云根迸出，或错立波心，或飞嵌水面，皆洞壑层开，肤痕縠绉；江既善折，岸石与山辅之恐后，益使江山两擅其奇。余谓阳朔山峭濒江，无此岸之石；建溪水激多石，无此石之奇。虽连峰夹嶂，远不类三峡；凑泊一处，促不及武彝；而疏密宛转，在伯仲间。至其一派玲珑通漏，别出一番鲜巧，足夺二山之席矣。

——引自《粤西游日记》

三里洋渡风景区的山区部分也属于石灰岩发育的喀斯特地貌。徐霞客在这里探访了十七个洞穴，韦龟洞内有青绿色的水，源泉不会枯竭，伞盖一样的石幢纹理明丽晶莹。

是岩外密中宽，上有通天之影可以内照，下有逢源之窍不待外求，一丸塞口，千古长春。三里虽岩谷绝盛，固当以是岩冠。

——引自《粤西游日记》

佛子岭北岩有鹊桥一样悬空的石头，南岩有如水槽一样的石涧，洞壁光滑得像打磨过一般，白崖堡南岩钟乳石又多又大，并列数十丈，还有琴水岩、独山岩、青狮岩等，徐霞客都进行了详细记载。

徐霞客称阳朔是“碧莲玉笋世界”。他先后考察了“上多垂乳，左后有窍，亦幽亦爽”的白鹤洞，有龙影龙床的龙洞，像走廊一样的来仙洞，八个门勾漏相连的珠明洞。这些地方的钟乳石有的像楼阁，有的如山峡，各有千秋，络绎不绝，世间罕见。

位于玉林市的勾漏山由宝圭、玉阙、白砂、桃源、五金等五个喀斯特溶洞连接而成，全长一千五百米。从它的名字不难猜出，这里因洞勾、曲、穿、漏而出名，徐霞客当然不能错过如此精彩的去处。

当时勾漏山由四个洞组成，洞中有洞，洞内有暗河。徐霞客只找到了宝圭洞和白砂洞，并没有看到玉阙洞和桃源洞。

宝圭洞里有叶片状的岩石，卷曲舒展，薄如蝉翼，叶片上还有很多圆形的空洞，透亮透风。徐霞客爬上了这片石头，盘腿坐着，如同坐在神仙的云车之上。

洞内钟乳石交错开合，有的窈窕，有的俏丽，有的如环绕的美玉，有的如蜿蜒的长廊。石柱、石笋交错纵横，引人入胜。

粤西之行不仅奠定了徐霞客“近代岩溶地貌之父”的称号，也完成了《徐霞客游记》中浓墨重彩的一笔。

小结

勾漏山的洞穴保存得相对完好，如今进洞已经不需要举火把。洞里面五颜六色的灯光配合造型独特的钟乳石，更显扑朔迷离，瑰丽奇妙。

如今广西仍有许多喀斯特溶洞景观，如碧水岩洞内有大洞厅、大石柱、大沙滩和大暗河，堪称大景观；恩村洞呈多层次立体结构，内有穴珠、穴球、穴棒等次生化学堆积物，堪称中国之最；金伦洞是广西目前最大、最长、最深喀斯特原始石漠化溶洞，其石笋倒影地下河堪称世界一绝。

第二节 流水地貌

时间

泰昌元年（1620年）、天启三年（1623年）、崇祯九年（1636年）至崇祯十二年（1639年）

地点

多地

主要人物

徐霞客

相关游记

《粤西游日记》《游九鲤湖日记福建兴化府仙游县》《游嵩山日记河南河南府登封县》《游天台山日记浙江台州府》《滇游日记》《黔游日记》《江右游日记》

路线摘要

多次旅行，略

水做无形利刃

徐霞客的一生只专注一件事——旅行，但他不仅仅寄情于山水之间，更重要的是在地质学考察方面做出了超越前人的贡献。他竭尽毕生精力，专注地在山水之间寻找自然的规律和真相。这便是独属于他的人生信念。

在几十年的考察过程中，徐霞客在流水地貌方面提出了许多新概念、新名词，并且对一些地貌现象做出了科学的解释。他通过考察发现，地表流水在流动过程中能侵蚀地面，形成各种侵蚀地貌，如冲沟和河谷。此外，流水还会带动侵蚀下来的物质移动，经过搬运后堆积起来，形成各种堆积地貌，如冲积平原。这些侵蚀地貌和堆积地貌在现代被称为“流水地貌”。

文化小贴士

我国位于东亚季风区，大部分地区气候湿润，雨量丰富。流水作用很普遍，是中国大陆塑造地貌的主要自然动力，可以引起地壳物质组成、内部结构和地表形态的变化。

研究流水地貌对水利、工程、农田、航道等有重要意义。流水地貌由侵蚀作用、搬运作用和堆积作用形成，这些在《徐霞客游记》中均有体现。

徐霞客翻越群山峻岭，进入溶洞，泛舟江河，观察各种流水地貌，并将观察到的内容翔实地记录在游记之中。他观察所到之处的河流流域、水系范围、流速、含沙量、水质、澄清度等，将河水流量的变化和地域河床的差异联系起来，进行客观的、横向的分析。游记中记录了大小河流五百多条，湖、沼泽、潭、池等近二百处，数量众多。

徐霞客在《粤西游日记》中曾写“江流自南冲涌而来，狮石首扼其锐，迎流剜骨，遂成狰狞之状”，又写“盖江流击山，山削成壁，流回沙转，云根迸出，或错立波心，或飞嵌水面，皆洞壑层开，肤痕縠绉；江既善折，岸石与山辅之恐后，益使江山两擅其奇”。这些都记录了流水对岩石的侵蚀作用。无论地上还是地下的流水，都像是一把无形利刃，经年累月后，在坚硬无比的岩石上刻出独特的痕迹。

水流既能将山冲成峡谷，也能制造各种流水景观，如瀑布、溪流、险滩、漩涡等，尤其是瀑布。徐霞客记录了天台山瀑布、黄果树瀑布、九鲤湖瀑布等。他通过观察不同地区的几个瀑布后，总结出一个结论：水流和岩石抵抗能力的不同，会形成完全不同的景观。

如果河床岩石比较硬，那流水与岩石会形成瀑布景观，“悬而为瀑”；如果岩石较软，便会形成深不见底的“百丈龙潭”。

徐霞客在游览福建仙游九鲤湖瀑布时，对九鲤湖水势、水态进行了详细的描述，还描述了水流状态对石崖的影响。他描写九鲤湖南边尽头处，水向深谷坠下，深深的峡谷如同被快刀劈开，两边的山崖像墙壁一样陡立，有数千丈高。水从湖里流出后就被岩石阻拦，因此水势不能通畅，变得汹涌后从空中坠落。这就是水和石经过千百年相互作用的结果——形成飞瀑，雄伟壮观。

徐霞客在开封府境内时，也一直在关注地势特点。这里地势平坦舒展，宽阔到没有边际。根据他掌握的资料，古人称这种地形为“陆海”，平地上难以有泉水，尤其难见出于岩石的泉水溪。走近嵩山时，他纵览四周，看到蜿蜒起伏的山峰，北边有景溪、须溪等溪流，南边有颍水，都盘绕隐藏在土堆沙石之中。只有登封县东南三十里处的石淙河，是嵩山东面山谷里的流水。

嵩山的路高低不平且曲折，水在地面以下流淌，遇到一块巨石之后水石交融，峭立绝美。流水环绕两岸的山石，矮的形成小岛，高的形成平台，并且岩石越高大，距离水面就越远，也因此中空形成石窟和石洞。水在山崖中间流淌，岩石矗立在水面之上，相辅相成，如同肌肤和骨骼一般相互依存。

余入自大梁，平衍广漠，古称『陆海』，地以得泉为难，泉以得石尤难。近嵩始睹蜿蜒众峰，于是北流有景、须诸溪，南流有颍水，然皆盘伏土碛中。

——引自《游嵩山日记河南河南府登封县》

泉水从空中倾泻而下，山因为有水更加奇妙，水在岩石的映衬下更有气势。徐霞客得出结论：“盖此中以得水为奇，而水复得石，石复能助水不尼水，又能令水飞行。”岩石不光能阻挡水，也能助力水，让泉水飞流而下，从而形成不同的自然景观。

文化小贴士

在地质学中，瀑布被称为“跌水”，由地球内外营力作用而成。在河流中，瀑布只是暂时出现，最终会消失。瀑布出现的时候，河水会持续冲刷、侵蚀，瓦解瀑布上部的岩石，最终令岩石破裂跌落。因此，越是坚硬的岩石，越能抵抗侵蚀，瀑布存在的时间也就越长。

程愈迫则流愈急

针对水流对地貌影响的描述还出现在《滇游日记》中。经过观察，徐霞客得出结论，大河口河流两岸存在着肥沃的冲积平原。大河口的河流不大，但是两边的土地特别低、湿。浅滩、心滩、江心洲都是由流水堆积而成的地貌。

在福建时，徐霞客曾对建溪和宁洋溪（双洋溪）水流进行考察。梨岭和马岭分别是建溪和宁洋溪的发源地。经过对两地山川地貌的分析，徐霞客认为两座山岭的高度基本一致，但是两条溪流到大海的路径和形式相差很大，“宁洋之溪，悬溜迅急，十倍建溪”。

将两条溪流进行比较，建溪比宁洋溪长，前者八百多里，后者仅三百多里，但宁洋溪的水流比建溪要快，并且水声像雷声一样响。因此，他得出“程愈迫则流愈急”的结论，即路程越短，水流就越急，也就是“河流的流速与流程成反比”。徐霞客只靠朴素的论证方法就得出了这个经典理论，并且简单阐明了地下水压力的原理，还说明了河床坡度和侵蚀力量之间的关系。

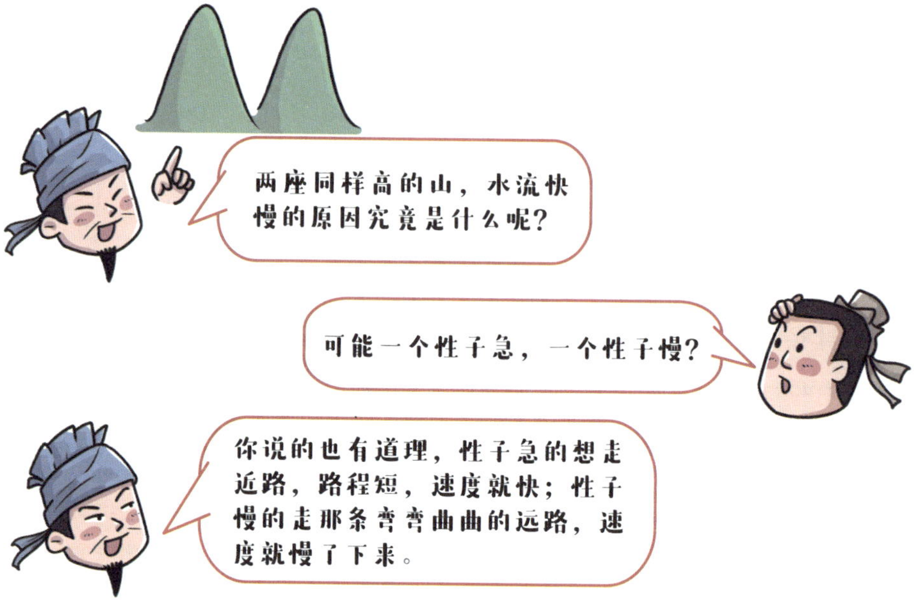

在观察过程中，徐霞客将看到的现象与资料进行结合，在前人的基础上研究出新的规律，并且有了更深刻的认识，还创造了一些与流水地貌有关的词汇，如“水捣”“水漱”等，将观察到的现象更立体生动地表现出来，跨越地理距离，进行相似归类。

除了水流，他还对河床的不同形态进行了定义，滩和洲是两种不同的堆积地貌，滩在平水期露出水面，洪水期隐藏在水面下，洲则一直暴露在水面上。它们的共同点是都位于河床比较宽的地方。水流因为河道变宽而流速降低，泥沙在河床中逐渐堆积，成为滩或者洲。

众舟鳞次溪中，以上流有石箭滩，重舟不能上下，俱泊此以待交兑者也。其北多益府王墓。再上二里，即石箭滩，乱石填塞，溪流甚急。其西为凌霄峰，亭亭独上，有佛宇焉。自杨源来，山势回合，而凌霄独高，过此山渐开，亦渐伏矣。

——引自《江右游日记》

白鹭洲首自南关之西，尾径东关，横亘江中，首伏而尾高。

——引自《江右游日记》

文化小贴士

在现代概念中，洲的面积最大，其次是岛。洲可以四面环水，也可能是部分靠水，上面可以存在各种地形。滩则是指陆地靠水地带的湿地部分，可以四面环水，地形相对比较简单，大多数为平坦的湿土地或者砂石地。

徐霞客还指出，岩洞是流水侵蚀造成的。除此之外，流水侵蚀还形成了涧、泷、溪、隘谷、曲流等。这些名词反复出现在徐霞客的游记中。天台山的石壁直立在涧底；雁荡山的涧发源于雁荡山顶的东南；庐山里三峡涧被峡谷的石头阻挡后倒流回来；雁荡山、庐山等地雨量充沛，容易形成涧、隘谷。

文化小贴士

鄱阳湖与庐山在江西北部相遇，山与湖之间形成数个山谷，涵养数条山溪。庐山南麓栖贤谷中、五老峰前的三峡涧，因神似三峡而得名三峡涧。

徐霞客在《黔游日记》中曾记录过普安州（盘县）地下湖。地下湖也被称为“暗湖”，往往与暗河连通，还会在原本的基础上逐渐扩大。

“矶”是指露出水面的岩石和石滩。徐霞客在茶陵时写道：“有大溪自北来，直逼山下，盘曲山峡，两旁石崖，水啮成矶。”它对水流和河床有一定的约束作用，是在河流通过山地时侵蚀基岩的过程中形成的。

地面流水和地下水等各种水源与风共同作用，形成了另一种奇特的地貌——剥蚀地貌，它不仅可以破坏地表的岩石，还会在长期作用下改变地表的状态。之前起伏的山地，经过长期的剥蚀作用，会渐渐变成起伏的丘陵，甚至未来的某一天会变成平原，比如，五台山的五个台状峰顶都为夷平面。徐霞客在恒山、黄果树、苍山洱海的游记中，都记录了剥蚀地貌。

徐霞客在游记中还提出了许多结论和推论。经过现代地理学验证，绝大多数是正确的。几百年前，徐霞客只靠双脚和双眼就能发现这些真相，并克服种种困难记录下来，让人不得不佩服。

“察岭东北，华顶之南，有分水岭，不甚高；西流为石梁，东流过天封，绕摘星岭而东，出松门岭，由宁海而注于海。”“分水岭”一词也在徐霞客游记中多次出现，他是世界上最早提出“分水岭”这一概念的人。有的分水岭是高低起伏的大山脊，有的分水岭是比较平缓的高地山丘。他观察到，因为分水岭的存在，坡地两侧的水会流向不同的河流或者高地。

小结

“欲尽绘天下名山胜水为通志”，水是一个永恒的主题。中华上下五千年文化中，水文化占据着十分重要的位置。徐霞客出生在江南水乡，深受水文化的影响，一生的追求也都与水密切相关。徐霞客看过一些古籍，河流一直被人们当作划分地区的界限，而河流的分布可以直接影响一个地区的生产、生活，村落、城镇的选址，也和水流分布、水源有很大关系。有学者统计，《徐霞客游记》中记载了江一百六十二条、溪一百二十六条、水一百零九处、河六十一条、瀑布七十二道、湖五十七个、潭五十一个、塘五十四个、伏流三十八个、川十九个，总计近八百处。无论是冰川还是温泉，无论是深洞还是峰巅，每一处都有徐霞客的足迹。

第三节 丹霞地貌

时间

崇祯九年（1636年）至崇祯十二年（1639年）

地点

多地

主要人物

徐霞客

相关游记

《游天台山日记浙江台州府》《游武彝山日记福建建宁府崇安县》《楚游日记》《闽游日记》

路线摘要

多次旅行，略

丹霞名山纵览

“丹”本义是指朱砂，因为朱砂是红色的，所以丹字也被用来形容朱红色。丹霞地貌就是以赤壁丹崖为特征红色调的陆相碎屑岩地貌，在我国广泛分布，有近千处。中国人自古以来都偏爱红色，因为红色代表喜庆、热烈、激情和胜利，许多宫殿和庙宇都会用红色进行装饰。巨大的山体被红色晕染，自然也会备受关注。

我国研究丹霞地貌始于二十世纪二十年代，但实际上徐霞客早在几百年前就已经在游记中对丹霞地貌有过记载。他考察过许多丹霞名山，如赤城山、齐云山、武夷山、龙虎山、龟峰、飞天山、白石山、都峤山、桃源洞等。

文化小贴士

“丹霞”一词原指天上的彩色云朵，出自曹丕的《芙蓉池作》——丹霞夹明月，华星出云间。

1939年，构造地质学家陈国达正式应用“丹霞地形”这一学术名词，用来形容红色岩层上发育出来的地貌。我国丹霞地貌分布在二十八个省、自治区、直辖市。和人类有成长过程一样，丹霞地貌也有它的成长过程。四川的蜀南竹海和七洞沟属于幼年期的丹霞地貌，贵州赤水属于青年期的丹霞地貌，广东丹霞山属于壮年期的丹霞地貌，而江西龙虎山则属于老年期的丹霞地貌。丹霞地貌相对集中在我国东南、西南、西北地区。

不同于“喀斯特”“雅丹”这些外来词汇，“丹霞”一词完全来自中国，且含义具有优秀传统文化韵味。丹霞地貌由厚层红色砂岩、砾岩构成，岩层经常呈现块状结构，并且富有易于透水的垂直节理，流水不断向下侵蚀，导致坍塌，形成陡峭的峰林或者方形的地貌，进而形成平顶、陡崖和孤立凸出的塔状地形。

徐霞客在游记中记载过多处丹霞地貌景观。在他生命中的最后一次长途旅行过程中，他曾对湖南、安徽、浙江、福建、江西、广西等地的二十五处红层盆地丹霞地貌进行考察，包括它们的形态特点、岩石状况、地质构造等，并均在游记中仔细地记录了下来。据统计，在他六十多万字的游记中，有三万多字与丹霞地貌有关。

天台山是浙江名山，赤城山是天台山景区内唯一的丹霞地貌。徐霞客早在万历四十一年（1613年）的《游天台山日记浙江台州府》中就写道：“赤城山顶圆壁特起，望之如城，而石色微赤。”又在《游天台山日记后》中写道：“北七里，至赤城麓，仰视丹霞层亘，浮屠标其巅，兀立于重岚攒翠间。”时隔约二十年，徐霞客再次来到天台山，可见其对这造型瑰丽的特殊地质地貌一直念念不忘。

文化小贴士

丹霞地貌之所以会呈现红色，是因为地壳中含有铁离子，受到温暖潮湿的环境影响后会发生氧化反应。砂岩经过强烈的持续氧化后生成红色的氧化铁，因此呈现出相应的红色。

由于地域差异，岩层在形成过程中会被许多外界因素干扰，红层的颜色也会变成棕黄色、棕红色、砖红色、褐红色、灰紫色等颜色。徐霞客将这些颜色的细微变化清晰地描写了下来，形容赤城山“石色微赤”，武夷山“青紫万状”“岩高亘赤如城”“霜翎朱顶”，齐云山“山石皆紫”，白石山“黄赤之石”，宜章坪头“石坪殷红”……

龙虎山位于江西省境内，是我国典型的丹霞地貌，也是我国丹霞地貌发育程度最好的地区之一，其中包括弋阳龟岩，又称“龟峰”“圭峰”。龟峰因山体酷似一只硕大的乌龟而得名，是雨水侵蚀型的老年期丹霞地貌，以峰林、陡崖、方山、石墙、石柱、石峰为特征。徐霞客感叹：“盖龟峰峦嶂之奇，雁宕所无，但诎水观耳。”在徐霞客心中，奇险、灵巧的龟峰比雁荡山还美。

在游览过龙虎山各处后，徐霞客评价道：“遥望东面乱山横翠，骈耸其北者，为排衙石，最高；攲突其南者，为仙岩，最秀；而近瞰岭下，一石尖插平畴，四面削起者，为碣石，最峭。”时至今日，这里依然色如渥丹，灿若明霞，是玉带一般的绝美景象。

齐云山古称“白岳山”，位于皖南境内，海拔近六百米，可以说是平地而起，巍峨挺拔的山体由红色砂岩构成，砂岩颜色如红霞、朱砂般绚丽，崖洞石壁则是紫红色和棕红色。为了看到“山石皆紫”的绝美景色，徐霞客冒着冰雪前行，还偶然看到了冰花玉树的奇景。

丹霞地貌以陡峭为险，福建武夷山属于陡峭的单斜式丹霞地貌。为了能真切感受到武夷山白云洞怪石奇峰的独特风貌，徐霞客以身试险，像蛇一样在狭窄的丹霞廊道中爬行通过，前胸后背都与岩石发生摩擦。

> 岩北尽处，更有一岩尤奇：上下皆绝壁，壁间横坳仅一线，须伏身蛇行，盘壁而度，乃可入。余即从壁坳行；已而坳渐低，壁渐危，则就而伛偻；愈低愈狭，则膝行蛇伏，至坳转处，上下仅悬七寸，阔止尺五。坳外壁深万仞。余匍匐以进，胸背相摩，盘旋久之，得度其险。岩果轩敞层叠，有斧凿置于中，欲开道而未就也。
>
> ——引自《游武彝山日记福建建宁府崇安县》

广西桂平的白石山，山体石质属于红色砂砾岩，徐霞客看到一座耸立的山峰挺拔陡峭，孤零零地悬着，石崖多半是红褐色。徐霞客很疑惑：这里叫“白石山”，当地人难道不是以颜色起名字的吗？

继承与创新

“丹霞地貌”的定义从提出到现在始终存在一定争议，甚至有几十个不同版本，人们经常就它的范围进行讨论。而早在三百多年前，徐霞客就对这一类地貌进行了总结分析，以及全方位的诠释。

在绿色的山林和灰色的土石之中，赤红色的丹霞地貌很早就被徐霞客所注意，也成为他之后几十年重点关注的目标。

为了更好地形容不同状态下的丹霞地貌，徐霞客除了借用古籍中提到的一些词汇，也根据不同形态和结构独创了一些新的词语。现代学者对照《徐霞客游记》中的内容去实地考察后发现，他开创的词语十分形象具体，生动准确，具有很强的代表性。

丹霞地貌会形成顶平或者顶斜的悬崖，方山、岩堡、岩墙、岩峰、岩柱、岩槽、岩块等形态穿插出现，构成奇、险、秀、美的碧山丹崖景观。有时还会出现宫殿、峰林等壮观的景象。

环崖丹霞是一种以弧形环崖为特点的丹霞地貌，也被学者称为“红圈子”，四周岩石耸立，围成半圆。这种形容和《徐霞客游记》中提到的一种玦很接近。玦在古代是一种可以佩戴的玉器，半环形，有缺口。

《楚游日记》中有“自会仙岩而东，其山皆不甚高，俱石崖盘亘，堆环成壑，或三面回环如玦者，或两对叠如门者，或高峙成岩，或中空如洞者，每每而是。但石质粗而色赤，无透漏润泽之观，而石梁横跨，而下穹然，此中八景，当为第一”。此番描写十分贴切，又很有韵味。

天生桥是天然形成的丹霞石拱桥，悬空于中沟之上，由丹霞砂岩经过流水长期的冲刷节理崩塌而成，如齐云山的石桥岩。紫红色的石桥横跨中空，徐霞客形容它“飞虹垂蛛，下空恰如半月”。

贵溪溪南仙桥也属于天生桥。“既而直抵其下，盖一石高跨峰凹，上环如卷，中辟成门，两端石盘下柱，梁面平整如台，正如砌造而成。梁之东，可循崖而登其上；梁之西，有一石相去三丈余，轰踞其旁，若人之坐守者然。余先至桥下，仰视其顶，高穹圆整不啻数十丈；及登步其上，修广平直，驾虹役鹊之巧，恐不迨此也。”徐霞客贴切的描写为后人记录了他在那个时代所见到的真实画面。

在游览福建三明永安的桃源洞时，徐霞客看到了又一种令他惊叹的丹霞地貌——一线天。虽然有些不是丹霞地貌的山峰也有一线天的奇景，徐霞客到这里之前也见过武夷山、黄山、浮盖山等处的一线天，但从没看到过如此巨大而狭窄、深远又工整的一线天。

它是又高又陡的夹缝，缝隙只有一条线那样的宽度，人甚至不能平着肩通过，只能顺着开凿出的层层叠叠的石阶斜着向上行走，才能通过。永安的一线天被上海大世界吉尼斯总部确认为“中国最狭长的一线天”。

除了玦谷、额状洞、一线天、天生桥这些丹霞奇景，徐霞客还记录了排峰、叠石等丹霞峰群，龟峰便属于排峰，三座风格不同的山峰环列在谷内。一些山峰因为砂岩被风化成球状，形成了丘状的山峰，贵溪的老人峰有一个突出的圆顶，福建永安溪也有数丈高的圆石立在溪水里。

从此折入峭夹间，其隙仅分一线，上劈山巅，远透山北，中不能容肩，凿之乃受，累级斜上，直贯其中。余所见『一线天』数处，武彝、黄山、浮盖，曾未见若此之大而逼、远而整者。

——引自《闽游日记后》

溶蚀作用还会形成一些丹霞洞穴，如武夷山的茶洞、伏羲洞以及仙掌岩，白石山和都峤山的洞穴都深达几十米。这类洞穴开口大，但是不如岩溶地貌洞穴深邃，相对比较干燥，也没有那么多钟乳石的石柱、石笋。

在几十年的考察过程中，徐霞客经历了慢慢总结经验的过程，形成了他固定的观察习惯。每到一处，徐霞客都会先远观整体，再细观局部，如果有洞穴，那他一定会到洞穴内部一探究竟。由远及近，再由近及远，到离开准备去下一站的时候，徐霞客还会从另一个角度再次观察他刚刚游览过的地点，力求全面、真实、翔实地记录下所看到的一切。

在见过各种类型不同的地貌之后，徐霞客还会将它们进行横向比较。由于进过许多岩溶性质的溶洞，当他进入丹霞洞窟时，他就会将两者比较一下。游览白石山会仙岩时，徐霞客将它和喀斯特溶洞进行了比较：“其岩皆黄赤之石，上下开窟，而内渐凑合，旁无氤氲之窍，上无滴沥之乳，与下岩同。”他通过对比，发现了各自不同的特点，对两者有了更深刻的认知和理解。

即便都是丹霞地貌，徐霞客也会将它们放在一起比较，寻找它们之间的共同点和不同点。他在宣章时，来到芹菜坪，看到南面有山峰凸出来，下边有重叠的石崖支撑，红褐色中掺杂着黑色，很像之前看到的武夷山的一部分。

小结

丹霞地貌作为极具特点的景观，越来越受到游客的喜欢。它层级交错，岩壁陡峭，色彩斑斓又气势磅礴，经年累月形成形态丰富的奇观，帮助人们了解遥远的历史。

中国丹霞地貌以赤壁丹崖著称，是联合国教科文组织《世界遗产名录》认定的自然遗产之一。红色砂页岩因为有很好的完整性，经常被用来雕刻佛像，如乐山大佛、大足石刻、云冈石窟、麦积山石窟。它们不仅是身披彩霞的艺术品，更是悠悠岁月长河的见证者。

丹霞地貌的岩石质地不算坚硬，又因为它要经过数百万年才能自然演化形成，如果被破坏，造成的伤害是不可逆的，所以需要重点保护。

第四节 火山地貌

时间

万历四十一年（1613年）、崇祯五年（1632年）、崇祯十二年（1639年）

地点

浙江省、云南省等

主要人物

徐霞客

相关游记

《游雁宕山日记浙江温州府》《游雁宕山日记后》《滇游日记》

路线摘要

多次旅行，略

雁荡山流纹岩

雁荡山位于浙江省温州市境内，是我国十大名山之一，素有“海上名山、寰中绝胜”的美誉，更被喜爱它的人称为“东南第一山”，自南北朝开始成为文人雅士喜爱的游览胜地。除了徐霞客，谢灵运、沈括、康有为、张大千、郁达夫、郭沫若等都留下过关于雁荡山的作品。

据统计，以“雁荡山”为主题的诗词超过五千首，摩崖石刻近四百处。清代文人施元孚在游览过雁荡山后提出了“游山说”，提倡游览山水，回归自然，指出游览者的文化素养和行为要与山水天地和谐相处。因此，这里也被称为“山水诗派的源头”。

关于雁荡山的著名文章莫过于沈括收录在《梦溪笔谈》里的《雁荡山》和徐霞客的《游雁宕山日记浙江温州府》，文章都记录了雁荡山奇美的景观，都曾入选语文课本。

自章楼二里，山半得石梁洞。洞门东向，门口一梁，自顶斜插于地，如飞虹下垂。由梁侧隙中层级而上，高敞空豁。坐顷之，下山。由右麓逾谢公岭，渡一涧，循涧西行，即灵峰道也。一转山腋，两壁峭立亘天，危峰乱叠，如削如攒，如骈笋，如挺芝，如笔之卓，如幞之欹。洞有口如卷幕者，潭有碧如澄靛者。

——引自《游雁宕山日记浙江温州府》

徐霞客三次考察雁荡山，留下两篇游记，重点描写了雁荡山的地貌地形，对大龙湫瀑布的水源进行了考察，用实地考察的方式证实了大龙湫的水和雁湖无关，纠正了一些史书记载的错误。

雁荡山是一座大型火山，形成于一亿两千万年前，是环太平洋大陆边缘火山带中最完整、最典型的白垩纪流纹质破火山，先后经历了四期火山喷发、一期岩浆侵入，才造就了如今的雄奇壮丽。它也记录了火山爆发、塌陷、复活、隆起的整体演化过程，堪称流纹岩的“自然博物馆”，更是中生代破火山教科书一般的存在。

这里经历了四期大规模的火山活动，几十次的火山喷发，累积的岩浆从最开始的覆盖表面到后来慢慢形成缓坡，最后堆积出规模巨大的火山岩，一层层地叠加、覆盖，形成三百米上下的巨厚流纹岩层。流纹岩凝固后十分优美，如同流动的波纹，具有完整且巨大的特征，这正是雁荡山主体景观足够特别的原因。

喜马拉雅造山运动造就了世界屋脊——青藏高原，燕山运动成就了雁荡山。雁荡山破火山是中国燕山运动大爆发的典型代表，我国东南沿海的火山岩带都形成于燕山期，其喷发量达到了超级火山的喷发量。

文化小贴士

火山喷发后，地底的岩浆房空虚，地表的火山因此失去了支撑，整体向下塌陷，这种受到破坏形成的锅形洼地火山口叫作“破火山口”。

在形成破火山的同时，火山的高度会大大降低，火山口的面积也会比之前大，直径可达几百米甚至几千米。

雁荡山破火山经过断裂、切割、抬升，内部结构发生了巨大的变化。酸性岩浆爆发后，覆盖了不同的岩石，涵盖了流纹岩类的各种岩石分类，对研究地质变化有十分重要的意义。雁荡山上的岩石造型千奇百态，就是由火山喷发后的酸性流纹质火山岩形成的。

锐峰叠嶂，左右环向，奇巧百出，真天下奇观！而小龙湫下流，经天柱、展旗，桥跨其上，山门临之。桥外含珠岩在天柱之麓，顶珠峰在展旗之上。此又灵岩之外观也。

——引自《游雁宕山日记浙江温州府》

因此，雁荡山整体看上去比较方正，上下垂直，徐霞客称为“叠嶂”，后人称为“断崖”。层峦叠嶂的雁荡山有着迷人的魅力，“嶂”正是熔岩台地被流水侵蚀切割破坏之后形成的如屏风一样的景观，高差过百米，长度超千米，十分壮观。

雁荡山因独特的地貌景观而出名，火山岩在外动力的作用下形成了叠嶂、石门、石柱、岩洞、方山、峡谷、瀑布、溪流等地貌，其中的流纹岩地貌可以称为东亚亚热带地区的流纹岩地貌典型，是天然的“科学文献”。

对于雁荡山的奇石，徐霞客进行了形象的描写。如石梁洞，他写到，一座石桥犹如飞虹下垂。在去灵峰的路上，他写到，岩壁陡峭，直穿云天，险峰重重叠叠，有的像刀削般挺立，有的像并立的竹笋，有的像挺拔的灵芝，有的像笔一样直立，有的像倾斜的头巾。

除了具有科学价值，坚实耐用的火山岩也是上好的建筑材料。“长屿硐天”是世界上现存规模较大的采石场之一，从南北朝一直存续到现代，是历史鲜活的体现。

踞石碛而坐，仰视回嶂逼天，峭峰倒插，飞流挂其中，真若九天曳帛者。西过小剪刀峰，又过铁板嶂。嶂方展如屏，高插层岩之上，下开一隙如门，惟云气出没，阻绝人迹。

——引自《游雁宕山日记后》

文化小贴士

我国境内较为危险的火山之一就是长白山。长白山位于辽宁、吉林、黑龙江三省东部和中朝边境地区，一般海拔一千米以上，目前是一座休眠火山，是中国乃至东亚地区最大的火山岩分布区，也是火山数量最多的地区，巨型的火山锥周围分布着上百座火山。长白山山顶十六座奇峰环抱天池，是世间罕见的美景。

长白山天池是世界上海拔最高、水体面积最大、水最深的火山口湖，据记载，它是在公元946年爆发时形成的。当时其所归属的辽国并没留下太多记载，但是从高丽、日本的史料中可以了解到，那年冬天长白山山脉的火山喷发了几天，就连远在日本京都的人都听到了爆发时的巨响，犹如巨雷炸破，并且有“白灰散如雪”的火山灰飘落，是几千年来中国境内规模最大的一次火山爆发。自十六世纪以来，长白山共有过三次喷发。

1702年4月14日，“午时，天地忽然晦暝，时或赤黄，有同烟焰，腥臭满室，若在烘炉中，人不堪重热。四更后消止，而至朝视之，则遍野雨灰，恰似焚蛤壳者”“同月同日，稍晚后，烟雾云气，忽自西北，地昏暗，腥臭袭人之衣裙”。

如今的长白山已经休眠了三百多年。长白山周围资源丰富，天池内有多处温泉，水温保持在42℃左右。在漫天飞雪的冬季，在室外泡温泉是一种极致的享受。

小结

因为雁荡山是很有代表性的破火山，所以被称为“世界地质公园”，展馆位于雁荡山山脚下。它也是第一个以中生代火山地质地貌为主题景观的地质公园。

雁荡山世界地质公园距离杭州市三百千米，距离温州市七十千米，属于大型滨海山岳风景区，有三个主园区，包括灵峰、三折瀑、灵岩、大龙湫、石梁洞等景观，保存有地质、岩相、岩石等火山地质景观，还有嶂、峰、瀑等地貌景观，展示出雁荡山奇美、复杂的景观。

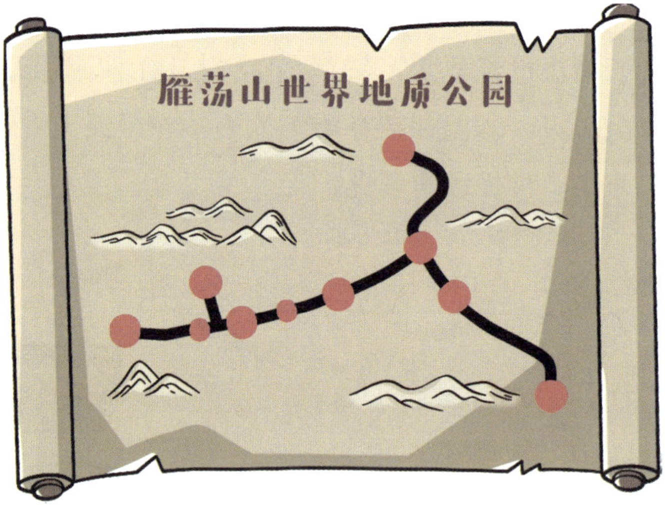

腾冲火山

我国位于欧亚板块内部，地震活动相对活跃，但是火山活动并不算多。境内火山数百座，其中活火山数量并不多，主要分布在吉林、黑龙江、云南、新疆等地。

文化小贴士

死火山是指距离最后一次爆发已经过去很久，可预见不会再爆发的火山；休眠火山是指之前爆发过，但爆发后长期趋于平静的火山，并不排除将来爆发的可能；活火山是指正在爆发和预期可能再次爆发的火山。

我国最著名的活火山（休眠火山）包括黑龙江五大连池火山、黑龙江镜泊湖火山、吉林长白山天池火山、吉林龙岗火山群、云南腾冲火山群、新疆阿什库勒火山、台湾大屯火山群和龟山岛火山、海南琼北火山群。

徐霞客晚年到访的是腾冲的火山群。它位于滇西横断山系，有七十余座火山锥，其中，二十二座火山口完好，十座遭破坏，其余的为无火山口火山。目前，这些火山里仍有些处于微弱活动的过程中，是我国最年轻的火山区之一，有人称它为“中国火山之冠”。

打鹰山火山位于腾冲县城北，是云南腾冲最高的一座活火山，海拔二千六百一十四米，山体由黑色的玄武岩组成。徐霞客在腾冲停留了三十九天，用三万多字记录了在腾冲考察迭水河瀑布、宝峰山、云峰山、打鹰山、温泉群等景观的情况。

在路过打鹰山的时候，徐霞客形容打鹰山形状如同马鞍。当地人说山上的鹰很多，所以古书里还称它为“集鹰山”。当地人的土话发音类似“打鹰”，“打鹰山”之名就这么延续了下来。

徐霞客还听当地人讲到一件特别的事：据说三十年前（1609年），打鹰山上都是高大的树木和巨大的竹子，将山遮得没有空隙，中央有四个深不可测的龙潭，如果周围有脚步声传到潭边，潭里就会翻腾起波浪，所以人们都不敢靠近。

后来，有牧羊人从那里经过。突然一声惊雷，震死了五六百只羊和几个牧羊人，山上还燃起了大火，日夜不停燃烧了好几天，山上的树木和竹子被烧得所剩无几，龙潭也变成了干涸的陆地。

有人说徐霞客听到的这个故事是三十年前打鹰山火山的一次小型爆发，或者蒸汽岩浆爆发。近代名士李根源在《永昌府文徵》的《烈遗山记》中记载：“腾冲多火山，志载明成化、正德、嘉靖、万历年间火山爆发多次。”文章认为明朝期间打鹰山火山曾爆发过几次，与《徐霞客游记》中的说法有相通之处。

但也有人说故事只是一场雷电引发的自然山火。后来，有专业人士对打鹰山进行考察，测定打鹰山火山爆发的绝对年代应该为七千年前到一万年前，所以暂时没发现能证明1609年附近火山爆发的确凿证据。

徐霞客还仔细观察了山顶的岩石。岩石是赭红色的，类似蜂房，由漂浮的泡沫凝结而成。即便是需要合抱的大小，人用两根手指就能提起来，可见它们非常轻。但这些赭红色的石头质地非常坚硬，应该就是那场不明原因山火余下的灰烬。

如今的打鹰山作为火山结构保存相对完整的火山，有明显的圆锥状火山锥和岩浆喷溢后期收缩后形成的山顶凹口，火山相对高度可达六百四十多米。在半山腰的平台上，人们依然能看到熔岩台地的明显特征——棕红色的岩石，甚至还能看出岩浆的流向和波纹。

文化小贴士

根据相关报道，我国最近一次火山爆发是在1951年5月27日上午9点50分。位于新疆于田县南部约一百二十千米的阿什库勒火山爆发，发出轰隆隆的巨响，紧接着，呈圆柱形状的火山灰从山顶喷出，紧接着又连续爆发了三次，每次间隔几分钟，但并没有发生巨响，只有烟灰喷出。当时，这一片区域为无人区，有工人正在附近修建通往西藏阿里的公路，亲眼见证了这一过程。这也是中国大陆近百年来最具规模的火山活动。如今，阿什库勒火山群的火山岩平均海拔四千六百多米，主要由粗安岩组成，是我国海拔最高的活动火山区之一。

徐霞客可以称得上记录火山地貌的第一人，也是考察腾冲地热温泉的第一人。其中最精彩的是对硫磺塘的记录。硫磺塘如今也被称为“大滚锅”“一泓热海”，是腾冲热海温泉群中最有特色的温泉。九平方千米的区域内聚集了几十处喷涌的温泉，时刻喷涌着热浪，如果遇到特殊天气或者降温，空气中就会弥漫着弥散的白雾，缥缈如仙境。

湖小溪西上半里，坡间烟势更大，见石坡平突，东北开一穴，如仰口而张其上腭，其中下绾如喉，水与气从中喷出，如有炉橐鼓风煽焰于下，水一沸跃，一停伏，作呼吸状。跃出之势，风水交迫，喷若发机，声如吼虎，其高数尺，坠涧下流，犹热若探汤。或跃时风从中卷，水辄旁射，揽人于数尺外，飞沫犹烁人面也。余欲俯窥喉中，为水所射不得近。其龈腭之上，则硫磺环染之。

——引自《滇游日记》

地热能源是源于地核的一种自然能源，火山是地热能源最突出的范例。火山地下的岩浆有很高的温度，可以将地下水加热，喷出或流出地表，就成了火山温泉。作为西南部的极边第一城，腾冲的火山区有多处温泉，是我国唯一以火山温泉为资源特色的5A级景区。

文化小贴士

腾冲热海面积约九平方千米，里面有汽泉、温泉群八十多处，其中十四个温泉群的温度超过90℃，最高可达96.3℃。这里到处可以看到喷涌的热泉水，按照化学成分区分，可分为碳酸泉、硫酸泉、硫磺泉等。汽泉含有大量氡气，与中草药配合，对很多疾病有治疗效果，所以每年农闲时节，周围群众都会带着干粮、行李来这里疗养。

其中，最出名的“大滚锅”是包含了八卦玄理的八角形沸泉，深一米多，直径三米多，水温最高可达98℃，很多村民和游客在附近取水使用。“大滚锅”昼夜翻滚，四季沸腾，据说曾经有一头牛在旁边想喝点儿里面的水，不小心掉了进去，等到牧童喊来人帮忙时，牛已经熟了。

小结

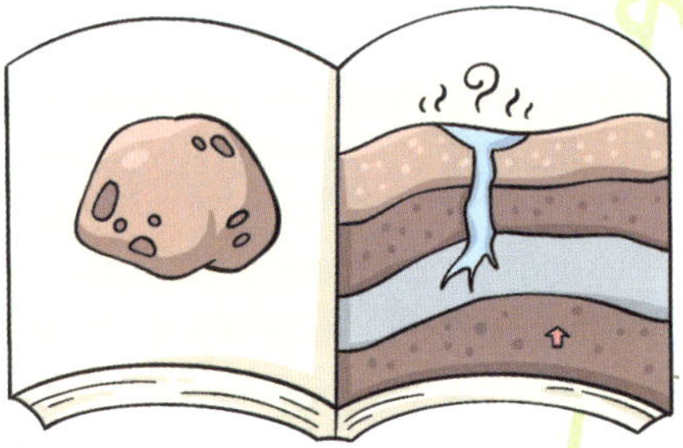

徐霞客关于打鹰山的描写确定了腾冲火山环状分布架构和南北走向的趋势。游记对当地的火山岩-浮岩进行了观察和描述，开辟了对火山一类地貌的研究和记录之路。

他形象地描述了硫磺塘村的景观，描写了水温和温泉相应的喷溢方式、喷气孔的结构和形态，并且提出加热的能量可能来自地下，几乎涵盖了现代地热考察的主要内容，具有划时代的科学意义。

地热资源是很宝贵的资源，具有独特的优势：它可以持续稳定地产生电能，并且不依赖进口燃料，可以保证本国能源的安全和独立。许多多火山的国家，如日本、美国都建有地热电站，将地下热水、高温岩体、蒸汽作为一次性能源，用于发电、供暖和制冷。冰岛的地热资源满足了当地百分之九十以上的供暖需求。

第五节

揭秘云南『干海子』

时间

崇祯十二年（1639年）

地点

云南省

主要人物

徐霞客

相关游记

《滇游日记》

路线摘要

九隆池—太保山—虎坡—锣鼓寨—大寨—干海子—玛瑙山

沼泽是一种典型的湿地地貌，是自然界特定的自然生态系统。其成因是地表和地表下层土壤经长时间的过度湿润，在地表生长出湿性植物和沼泽植物。有的沼泽有泥炭累积，有的沼泽没有泥炭累积，但是有潜育层存在。

文化小贴士

泥炭也叫“草炭”“泥煤”，是沼泽植物的残体在多水条件下不完全分解后堆积而成的物质，是最原始状态的煤。

地球上除了南极，其余各地都有沼泽地貌。我国从二十世纪六十年代开始系统研究沼泽水文学，涉及地理、气象、土壤、植物等诸多领域。

事实上，我国史书中早已有关于沼泽这一类型湿地的记载，如《孙子兵法·军争篇》中“不知山林、险阻、沮泽之形者，不能行军”。古人称水草聚集的地方为“沮泽”。

徐霞客也将这一类型的湿地区别于江、河、湖、海，进行单独分类，称呼这种地貌为“回水”“沮洳”“干海子”等。他在游记中提到过贵州平坝野鸭塘的“沮洳”、云南保山河中村的“沮洳”、师宗的“沮洳”。他重点描述保山大寨“干海子”的相关游记，是详细、客观并且具有科学价值的沼泽类文献。

当时，徐霞客再一次经历了断粮。他写信向朋友要粮后，准备前往“干海子”考察。

这天，天色阴沉。吃过大麦饭之后，徐霞客从大寨出发，朝山坡前进。坡东面的峡谷像紧密的门一样，门内的水往南流，山坡峡谷都很平缓。沿着峡谷往里走，小路渐渐被遮蔽，水流也渐渐缩小。再向前走，西边的壑谷向下嵌入，中间圆得像环绕的城墙，谷底非常平坦，这里就是传说中的“干海子”。

徐霞客先来到海子的北边，这里有一眼泉水从山麓间流出，徐徐经过。海子东西两面的山麓上都有茅屋，这些茅屋背靠山坡，面临海子，其中西坡上的茅屋更多一些。他来到西面山麓上的茅屋前，看到这里成堆的木头。人想从屋里出来，必须跨过这些木头。

这里的居民只会当地的土话，语言不通，看到徐霞客就走开了。茅屋侧面的小溪一直流入海子。从徐霞客的角度来看，海子大约有千亩大小，满眼全是青绿色的荒草。

徐霞客仔细查看后发现，海子是由草和土漂浮结成的，溪水从中间穿过，但是这种土壤不适合耕种，因为它不能贮存水。有人从这里走过，数丈内的地面都会摇动。如果放牧的牛马来这里吃水草，就只能停留在岸边，因为站在海子中央一段时间就会下陷，想出来很困难。

因此，这里的房屋都是靠着海子的周围而建的，开垦的耕地也都在山坡上，地里种着麦子。靠近海子的地方不能被开垦，不安全，也不适合农作物生长。

干海子的东南方有条峡谷，两面的山环绕收拢，水从这里向外排出，路也是从这里直通玛瑙山，然而人不能从海子中央横渡，必须从山坡上沿着坡路通过。靠西边的山崖有一处圆形的水池，十分清澈，却非常深，直径有一丈多，圆得像一面镜子，徐霞客称它为“龙潭”。让徐霞客觉得奇怪的是，这龙潭分明在平坦的荒草中，却不被茂盛的荒草覆盖，这到底是为什么呢？

西南面的茅屋也不少，一条小溪从石崖的下方流出。徐霞客走近小溪，想从荒草中渡过，可是刚一靠近，土地就开始下陷，四周的地面也都跟着摇晃起来。徐霞客连忙退回来，绕到西面的水湾，顺着石崖而上，这才得以安全通过。

余初狎之，欲从芜间涉此水，近水而芜土交陷，四旁摇动，遂复迂陟西湾，盘石崖之上，乃倚南山东向行。

——引自《滇游日记》

徐霞客顺着山坡来到东面的峡谷，站在峡谷中横放的木架桥上，看着桥下的水徐徐流淌，水从海子的蒲草中流淌出来，冲破峡谷，奔涌向前。徐霞客回头看海子所在的山窝，看峡谷中的水，看东南方的山坞，看中间夹着的山和丛林，听山崖中轰鸣的水声，心中感慨万千，依依不舍地告别了令他惊叹的保山大寨“干海子”。

徐霞客认为那片沼泽可能是泥炭沼泽，有郁郁葱葱的植被，有绿色的杂草，还有漂浮着草和土壤的泥炭层，有溪流从沼泽中穿过，提供源源不断的水源。

游记对这片沼泽的形状、大小进行了描写，另外还关注到了这里的生物特征、土壤特征以及当地的生产、交通等。这是他第一次如此详细地记录沼泽和周围相关事物。云南徐霞客研究会会长朱惠荣先生曾这样评价：“徐霞客为我们提供了研究古代湖泊富营养化的最翔实的信息。”

海子大可千亩，中皆芜草青青。下乃草土浮结而成者，亦有溪流贯其间，第不可耕艺，以其土不贮水。行者以足撼之，数丈内俱动，牛马之就水草者，只可在涯涘间，当其中央，驻久辄陷不能起，故居庐亦俱濒其四围，只垦坡布麦，而竟无就水为稻畦者。

——引自《滇游日记》

小结

徐霞客文中所写的保山大寨“干海子”原本属于腾冲北海湿地区域，是西南地区唯一的火山堰塞湖湿地，由北海和青海两个湖泊组成。

北海湿地是天然的常年性沼泽湿地，上面覆盖着巨大的草排，厚度可达两米。火山喷发后的火山灰漂浮在湖面上，再和有机物结合，形成了适合沼泽植物生长的基质，植物的根系构成了浮毯。文中描写的地方如今建成了大海坝水库，因此，人们再也看不到徐霞客文中描述的景象了。

第六节

美丽的错误《盘江考》

时间

崇祯十二年（1639年）

地点

云南省

主要人物

徐霞客

相关游记

《盘江考》

路线摘要

云南多地，略

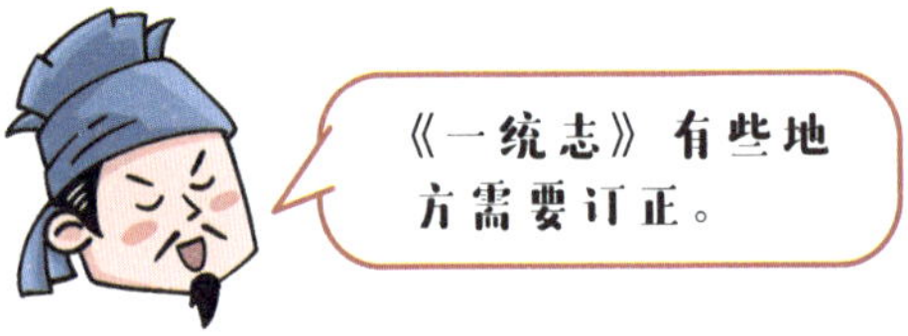

“生也有涯，而知也无涯”，徐霞客的一生都在求知、求真的路上。虽然力求眼见为实，但因为时代和条件的限制，他也犯过一些错误。在《盘江考》中，他提出《一统志》中记载的一些地方需要订正，但他的结论也不全都正确。

从广西一路走来，徐霞客一直在思考一个问题：南盘江、北盘江的源头在哪里？1638年，徐霞客进入云南境内，开始对云南六大江河进行考察。南盘江、北盘江属于珠江的两条源流，均源于云南曲靖地区的大山上，一条在云南境内，向南流淌到广西，之后沿着贵州和广西交会处向东南流，称为“南盘江”；另一条向东北流入贵州，最后注入红水河，称为“北盘江”。

从五月到九月，徐霞客利用四个多月的时间仔细考察了南盘江、北盘江。他以云南曲靖沾益为起点，横跨云、贵、桂三地，顺江而行。

徐霞客先后两次考察曲靖，中间相隔四个半月。徐霞客到曲靖后，住在了一位名为龚起潜的富人家。龚起潜对徐霞客十分热情，用酒菜招待了徐霞客几天。当时，徐霞客准备从沾益走，连同考察北盘江的源头，龚起潜得知这件事后，也谈论起北盘江。他很自信地说，北盘江的源头不在沾益。徐霞客相信了他的话，没有继续前进，放弃了从沾益继续北行的考察计划。

徐霞客考察归来，再到曲靖，依然想考察北盘江的源头。龚起潜再次自信满满地指出盘江源头不在沾益，有理有据。徐霞客再次信服，也再次和正确答案失之交臂。

《一统志》认为，南盘江与北盘江发源于同一个地方，就是沾益东南二百里的地方，黑山南部的小洞岭是它们的分水岭。

水流由此向两个方向流出，往北流的是北盘江，往南流的是南盘江。徐霞客经过实地考察后发现，南盘江和北盘江的源头并不在同一座山。

文化小贴士

《一统志》是封建王朝的官方地理总志，按照朝代划分，如《大元一统志》《大明一统志》《大清一统志》等。

徐霞客先往西行，来到一片平坦开阔的巨大山坞，里面都是平整的田地，三条河流在其中纵横交错，在低洼的地方形成湖泊。徐霞客先乘船，后步行，一直往西南方向前进。山上的路很难行走，他需要在石片中穿行。山上的泥土倾塌，峡谷又很深，崩落的土和碎裂的石块嵌在一起，裸露的石块从地面冒出来，像是裂开的花瓣。人只能倾斜、曲折地在其中行进。石块的颜色如同墨染过一样黑，徐霞客感叹，每一块都是这山峰奇妙的作品。

东北上山，从石片中行，土倾峡坠，崩嵌纷错，石骨竞露如裂瓣，从之倾折取道。石多幻质，色正黑如着墨，片片英山绝品。

——引自《盘江考》

顺着水流考察南盘江的西支源头，徐霞客发现它发源于石屏州西部四十里处的关口。他和很多人打听南盘江最后流向哪里，可是广西府的人都不知道答案。他又问罗平州当地人，才知道南盘江进入广西府之后，与江底河汇合，往东北流到霸楼，称为霸楼江。

之后，徐霞客到了云南省城，在杨林所水面看到一个巨大的湖泊。这里在古代被称为“嘉利泽”，附近有杨林水系。当时徐霞客并没弄清这里是否为北盘江的源头，但他记录了杨林所湖泊下游的车洪江。第二次来到这里的时候，徐霞客误判嘉利泽为北盘江的源头。

根据这些考察的内容，徐霞客得出结论，南盘江和北盘江只是名字相近，源头并不在同一座山。

他在《盘江考》中将考察的过程详细记录下来：北盘江从可渡河段往东流，和南边来的亦资孔、火烧铺的河流汇合，所以火烧铺不是北盘江的发源地。南盘江从沾益发源，往南流过越州，与明月所汇合，明月所自然也不是南盘江的发源地。

徐霞客在文中言之凿凿地指出：《一统志》在记载北盘江时漏掉了杨林所，而在记录南盘江时放弃了沾益，把它们半路上的分支当作它们的发源地，这是第一个错误，需要订正。

文化小贴士

《盘江考》对《一统志》的纠错中，有一些是正确的，同时也存在一些局限性的错误。徐霞客将北盘江的发源地认定为杨林海子，由于龚起潜的误导，徐霞客没有准确得出北盘江的发源地在沾益的结论，没能搞清楚珠江水系的源头便转了方向，最终得出错误答案。

但徐霞客在《滇游日记》中写道：“其梁不高而长，是为南盘之源，北自炎方、交水、曲靖之东，直南至此。”这与后世探查的南盘江源头距离不远。

当地人说南盘江、北盘江都源于田州，这是错误的；认为南盘江、北盘江在普安州、泗城州汇合，这也是错误的。这是需要订正的第二处。

《一统志》最错的一处是，认为南盘江、北盘江各自流淌千里后，在南宁府西部左江、右江合流的合江镇汇合，这就是直接把太平府的左江当作南盘江，把田州的右江当作北盘江了。徐霞客看到的是南盘江从南宁府流出去，北盘江从象州流出去，两江相距超过千里，合江镇是南盘江与发源于交趾的丽江的汇合地。

是南盘出南宁，北盘出象州，相去不下千里；而南宁合江镇，乃南盘与交趾丽江合，非北盘与南盘合也。

——引自《盘江考》

南盘江和北盘江真正汇合的地方是浔州府黔江、郁江合流处，这是需要订正的第三处。

徐霞客认为，志书之所以发生这种错误，是因为他们舍弃了主要源头，选择了一些支流进行记载。他们不分辨开头末尾、巨大细微，蛮横执笔的做法，全都是错误的。

小结

1985年，水利部珠江水利委员会的专家学者经过多次考察论证，确定沾益区乌蒙山余脉马雄山东麓的一处出水洞为珠江（南盘江是珠江的一部分）的源头，北盘江发源于马雄山西北麓。“一水滴三江”的马雄山是南盘江、北盘江以及长江水系牛栏江的分水岭。

徐霞客以曲靖沾益为起点，以嵩明为终点，完成了对南盘江、北盘江的考察。虽然其中有一些遗憾，也有一些当时没发现的错误，但是并不影响《盘江考》在中国地理考察史上的影响力。徐霞客考察得出并记录在《盘江考》中的水源地，距离后来科学探测的出水口只有几千米。

第七节

长江溯源

时间

崇祯十二年（1639年）

地点

云南省、四川省、广西省、贵州省

主要人物

徐霞客

相关游记

《溯江纪源》

路线摘要

多地，略

“岷山导江”的错误

历史上很长一段时间，人们一直认为岷山是长江的源头，起因是《尚书·禹贡》中有“岷山导江”的说法。从战国时期到明朝末期的两千多年里，“岷山导江”的说法一直沿用，《山海经》《水经注》也如是说，但这个世人皆信的说法遭到了徐霞客的质疑。

文化小贴士

《尚书·禹贡》是大禹的著作，也是中国第一部区域地理著作。大禹以地理为径，将天下分为九州，记录了山脉、河流、土壤、天地、物产、道路、部落等内容。

文中提到的“岷山”是横跨四川、甘肃的山脉，是长江水系的岷江、涪江、白龙江和黄河支流——黑河的分水岭，长七百多千米，古有“千里岷山”的说法。

徐霞客是一个笃定“眼见为实”的人，就如他三次登上雁湖之巅，只为求证志书所载“宕在山顶，龙湫之水，即自宕来”是否准确。

徐霞客经过实地考察，确定大龙湫源头在雁荡山绝顶之南、常云峰之北的一处山坞之中，而小龙湫的源头则在雁荡山顶的东南，右边是铁板嶂，左边是屏霞嶂。所谓“宕在山顶，龙湫之水，即自宕来”的说法是错误的。

同样地，为了探究长江的源头，徐霞客也决定亲眼去看看。

长江、黄河是中国南北两条主干河流，都单独通向大海。出生在江苏省江阴市的徐霞客自幼在长江口附近长大，而江阴正因为地处大江之阴而得名。年少的徐霞客站在江边，看着浩瀚的水流澎湃激荡，知道长江长，却不知道它有多长。他查询了许多典籍，寻找关于长江源头的说法。虽然说法不一，但都说在昆仑山北面，距离岷山西北上万里，这让徐霞客感到疑惑——为什么长

江的源头短而黄河的源头长呢？难道黄河宽大的地方要比长江大一倍吗？徐霞客认为，确认一条水系河流的源头是哪里，主要准则就是看整个流域中，哪里离入海口最远、水量最大。

随着到访的河流湖泊越来越多，他看到黄河的水流如同衣带，水面宽度与长江比起来，不如后者三分之一。这让徐霞客产生了新的疑问：长江这么宽，它的水流赶不上黄河吗？

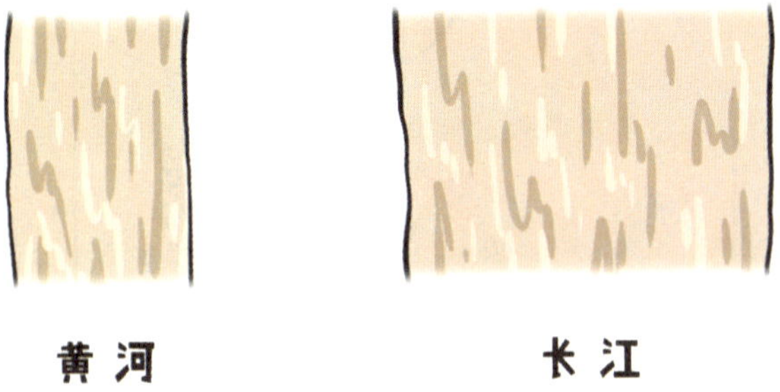

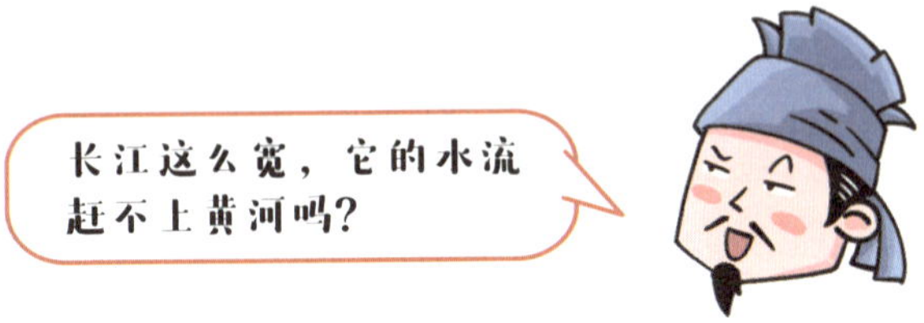

带着一系列疑问，徐霞客继续考察，往北经过了三秦，往南到达了五岭，向西到了石门关、金沙江，之后得出了以下结论：中国流入黄河的水域有五个省，包括陕西、山西、河南、山东、南直隶。而流入长江的水域则有十一个省，西北地区来自陕西、四川、河南、湖广、南直隶，西南地区来自云南、贵州、广西、广东、福建、浙江。

如此一来，通过计算水流的吞吐量，长江水流既然比黄河多出一倍，那长江比黄河大也是应该的。

文化小贴士

从地理学上来讲，河流的流域面积、流量、长度三者之间并不存在绝对的关系，单靠流量和流域面积推测水流的长度不一定准确。

那源头呢？徐霞客去考察岷江，发现岷江经过成都到叙州府，一共不到一千里，而金沙江流经丽江府、云南府、乌蒙府后到叙州府，有两千多里，古籍却把比较近的岷江当作源头，这不是舍远求近吗？

岷江流入长江，和渭水流入黄河一样，都是支流而已，人们只看《尚书·禹贡》中写“岷山导江，东别为沱”就把长江的源头归属到岷江，徐霞客认为这是片面的，也是错误的。

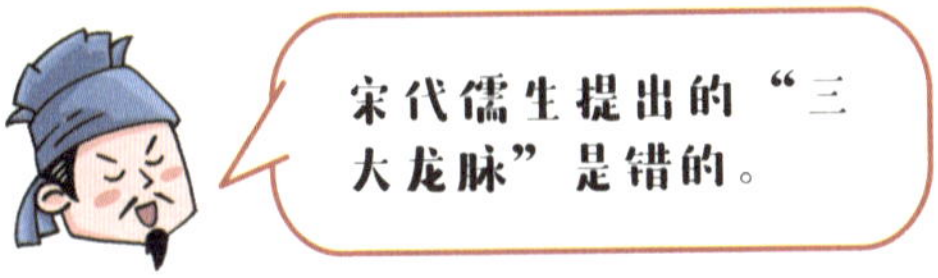

徐霞客还探讨了宋代儒生提出的“三大龙脉”，认为前人的一些说法存在误区：他们认为南方的龙脉起源于岷山，但事实上南方的龙脉盘绕屈曲，距离长江南岸将近三千里，还能认为龙脉靠近长江吗？

经过实地考察，徐霞客知道了三条龙脉的走势——北方的龙脉夹在黄河的北面；南方的龙脉在长江的南面；中部的龙脉隔在两者之间，很短。龙脉远，长江也远；山脉长，江源也长，这就是长江大过黄河的原因。

崇祯十一年（1638年）十二月，徐霞客来到元谋县的龙街渡口。这里是金沙江的主要渡口，也是昆明通往四川的大门。经过一番考察比较，徐霞客认为岷江的水域面积比金沙江小，距离入海口也没有金沙江那么远。相比之下，金沙江更可能是长江的源头，嘉陵江则是支流。

岷流入江，而未始为江源，正如渭流入河，而未始为河源也。不第此也，岷流之南，又有大渡河，西自吐蕃，经黎、雅与岷江合，在金沙江西北，其源亦长于岷而不及金沙，故推江源者，必当以金沙为首。

——引自《溯江纪源》

徐霞客推翻了《尚书·禹贡》流传已久的说法，将长江源头指向了金沙江，这一壮举对我国古代地理学发展产生了巨大的影响。正如他在文中所说，不探索长江的源头，就不知道它比黄河更大；不与黄河比较，就不知道长江的源头更远。只有不断提出疑问，再去实地考察论证，才能得到客观、正确的答案。

为了能更准确地考察江流走向，徐霞客放弃了官道的坦途，选择了迂回的沿江路，一路跋山涉水，困难重重。到达丽江时，徐霞客结识了木氏土司木增。虽然木增十分仰慕中原文化，并且盛情款待了徐霞客，但是当徐霞客提出希望继续西行探查长江源头的时候，遭到了木增的拒绝。

有人认为木增不希望徐霞客知道他所统治区域的真实情况，他对中原人保持着戒心。还有人认为他是为徐霞客的身体考虑，当时徐霞客已经五十三岁，身体也因为长期旅行落下诸多疾病。真正的原因我们已经不得而知，但徐霞客确实止步于此。

人生也要溯源

人生充满遗憾，但人生也处处是希望。

当时，徐霞客在丽江居住的地方距离石鼓镇只有四十公里，而那里正是“长江第一湾”的所在地。万里长江从“世界屋脊”青藏高原奔腾而来，从巴塘县进入云南，在香格里拉市的沙松碧村突然出现一百多度的急转大弯——“长江第一湾”。这种“擦肩而过”可谓一种缺憾。

但徐霞客通过沿途的观察，还有和当地人的求证，大胆推论金沙江才是长江真正的源头。

《溯江纪源》很可能定稿于崇祯十三年（1640年），就在徐霞客从云南返回江阴的途中。当时他因为腿疾，已经不能正常站立和行走，木增派人将他抬回了老家江阴。《溯江纪源》也是他一生中耗时最长、耗费精力最多的一篇文章，更是他一生探索与追求的最终章。而他提出的“金沙江才是长江源头”的说法，可谓石破天惊，为后世留下了十分珍贵的文化遗产。

正是徐霞客这一说法，让人们重新审视长江源头的问题。清朝康熙年间，康熙皇帝着手全国性地图测绘工作，并派人到青藏高原考察。因为交通、气候等，考察人员没有办法进入江源腹地。康熙五十七年（1718年），《皇舆全览图》完成，图中将长江和黄河的源头位置标注在通天河一带。

乾隆二十六年（1761年），礼部侍郎齐召南写成了《水道提纲》，文中说明当曲、楚玛尔河等河流是金沙江的源流。光绪三十一年（1905年），《大清帝国全图》中指出，木鲁乌苏河（布曲河口至楚玛尔河河口）、当曲、楚玛尔河为金沙江上游源头。

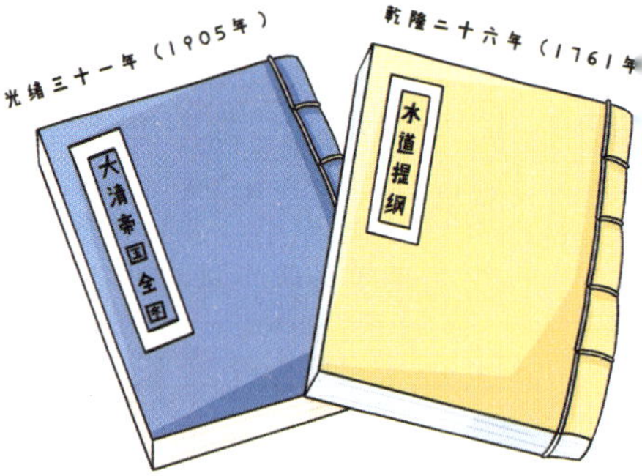

对长江源头的调查始终没有停止，一直到1976年，长江流域规划办公室再次派人考察，终于得出结论：长江源头主要有五条比较大的河流——楚玛尔河、沱沱河、尕尔曲、布曲和当曲。

文化小贴士

长江是中华民族的母亲河，是中华民族的重要发祥地，是世界水能第一大河、世界第三长河、亚洲第一长河，自西向东横穿中国中部，全长六千三百多千米，有数百条支流，发源于青海省西南部、青藏高原上的唐古拉山脉主峰各拉丹冬雪山，流经十一个省、自治区和直辖市，最终流入东海。

《溯江纪源》结构严谨，逻辑周密，层层递进，是难得的学术佳作。世界著名科技史学家，英国的李约瑟博士在《中国的科学与文明》中评价：《徐霞客游记》读来并不像十七世纪学者的作品，倒像是一位二十世纪野外勘测家所写的考察记录。

故不探江源，不知其大于河；不与河相提而论，不知其源之远。谈经流者，先南而次北可也。

——引自《溯江纪源》

徐霞客为中国水文地理学的发展做出了杰出贡献，《溯江纪源》不仅厘清了金沙江、岷江、大渡河三者之间的脉络关系，还提出金沙江源头的说法，让后人跳出之前的认知，重新审视长江源头这一地理问题。从徐霞客所用的文字、词语中，我们知晓那个时候的他已经有了“流域”的概念。“计其吐纳”这种计算河流吞吐的方法既证实了这一点，也证实了徐霞客的认知有极强的前瞻性。

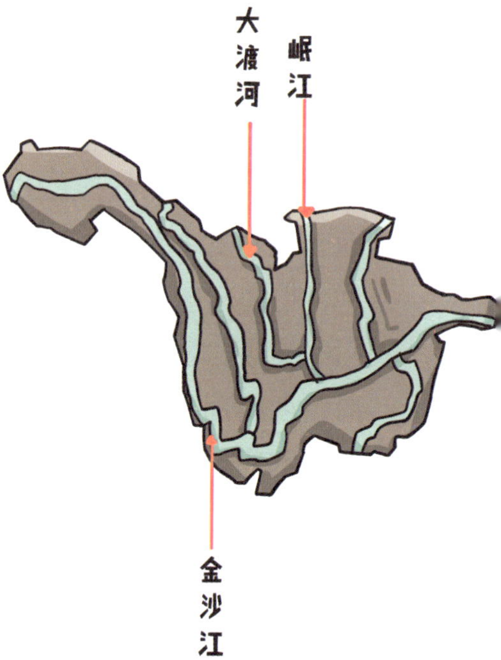

他通过亲自考察，认真观察不同地貌的成因和特点，观察水流对不同地带的侵蚀作用，提出金沙江才是长江的正源，否定了流传两千多年的说法，纠正了《大明一统志》关于水道记载的错误。

小结

江河湖海有源头，人生也需要溯源。

徐霞客出生在江苏省江阴市的富庶人家，祖上都是读书人，他的父亲不喜欢当官，也不喜欢和权贵交往，喜欢游览山水。受父亲的影响，徐霞客很早就立下了“大丈夫当朝碧海而暮苍梧”的志向。少年时的徐霞客博览群书，尤其喜欢地经图志，无心功名。十五岁时，徐霞客参加考试没有取得功名，父母便不再勉强，支持他的志向。二十二岁开始，徐霞客正式开始他的人生旅程。

徐霞客的游历生涯大致可以分为三个阶段：第一阶段是二十八岁前，徐霞客研读志书古籍，游览了太湖、泰山等地，虽然没有留下专门的游记，但他大大增长了见识，也更坚定了未来要走的路。

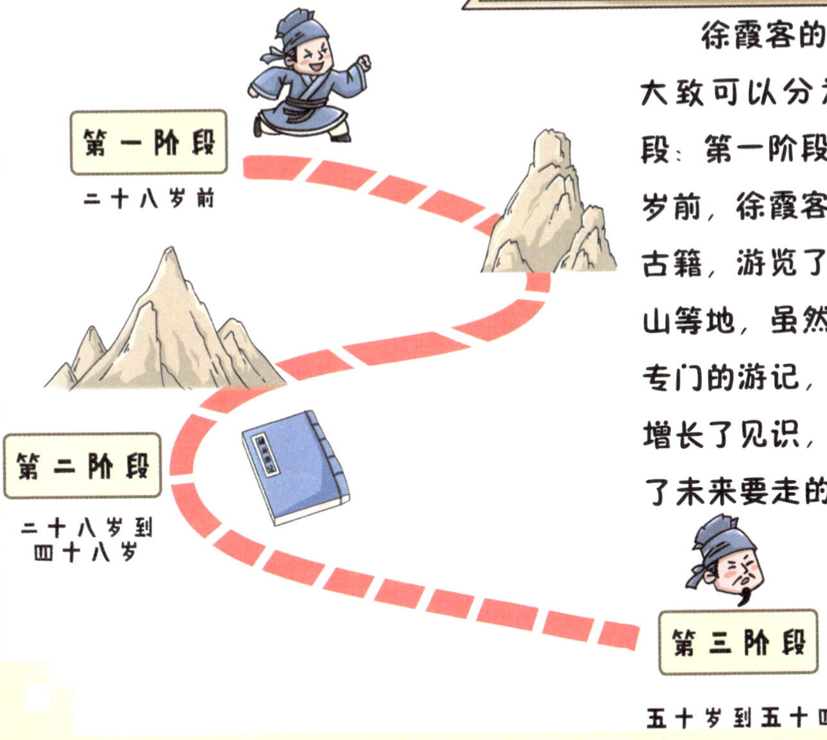

第二阶段是从二十八岁到四十八岁，二十年内徐霞客到达了浙江、福建两省，游览了诸多名山、湖泊，并且开始撰写相关游记，时间较短，游记篇幅也较短，只占《徐霞客游记》的十分之一。

第三阶段是从五十岁到五十四岁，徐霞客进行了最后一次长途远征，路程一万五千余千米，先后到达了浙江、江西、湖南、广西、贵州、云南等地，所写游记占整本游记的九成。

徐霞客人生中的后三十年一直在路上，他一边考察，一边用文字记录下所见所闻，据传徐霞客三十年间共创作了二百六十多万字的游记，但在途中遭遇了自然灾害、盗贼、奴仆的背叛，宝贵的书稿只剩下六十多万字，许多重要的内容已经无从查找。

留存的六十万字编入《徐霞客游记》，被学术界列为中国最具影响力的二十本著作之一，开辟了地理学上系统观察自然、考察自然的新思路。“万里遐征，亘古传奇”，徐霞客游览的路线已经成为每一处旅游景点的文化风向标，提升了沿途各地的知名度和影响力。游记涉及了文化、经济、历史、地理、矿产、水文、风俗等多个领域的内容，全方位立体地描述了他考察过程中的见闻，成为百科全书式的文化遗产。而徐霞客作为杰出的地理学家，成就超越前人，被世人尊称为“东方游圣”。